C++

Programmieren für Einsteiger

Das fundierte und praxisrelevante Handbuch

Wie Sie als Anfänger Programmieren lernen und schnell zum C++ Experten werden

Bonus: Übungen inkl. Lösungen

+ E-Book als PDF

1. Auflage 2020

A | S Verlag

Inhaltsverzeichnis

Kostenloses E-Book

Vielen Dank für den Kauf des Taschenbuchs!

Damit Sie sich die Inhalte noch leichter aneignen können, stelle ich Ihnen gerne kostenlos das Buch als **E-Book im PDF-Format** zur Verfügung. Den Link und QR-Code finden Sie am Ende des Buches im Kapitel „**Zugang zum kostenlosen E-Book**".

Unter dem Link können Sie die PDF problemlos herunterladen.

Falls Sie Schwierigkeiten beim Download haben sollten, dann schicken Sie uns einfach kurz eine E-Mail an:

team@aesverlag.de

mit ihrer Kaufbestätigung / Rechnung / einem Foto von Ihrem Taschenbuch. Danach werden wir Ihnen das E-Book per E-Mail zusenden.

Ich wünsche Ihnen viel Erfolg bei Ihrem nächsten IT-Projekt!
Adrian Rechsteiner

1 Vorwort – Über das Programmieren mit C++

Der Titel „C++ Programmieren für Einsteiger“ sagt bereits zuallererst, dass dieses Buch für Personen geeignet sein soll, die sich erstmals mit dem Schreiben von Programmen auseinandersetzen möchten. „Einstieg“ heißt gleichzeitig, dass der Umgang mit einem Computer und das Bedienen von diversen Programmen für den Eigennutz bereits stattgefunden hat. Mit dieser Grundlage werden Sie an der Hand genommen und können vor allem das „Wie?“ im Kontext „Programme“ durchleuchten.

Davor sollten die wichtigen Begriffe, die stets im Umgang mit Computern und Programmen fallen, vorweggenommen und zumindest oberflächlich erläutert werden. Das, was den Programmen Leben einhaucht ist die

Hardware. Der *Personal Computer*, kurz ‚PC‘, umfasst stets ähnliche Komponenten, die real und fassbar sind. Auf Grund dieser Eigenschaft sind sie unter dem genannten Begriff zusammengefasst worden. Dazu gehört z.B. der Hauptverantwortliche namens

Prozessor. Die einzelnen Hardware Komponenten sind durchaus vergleichbar mit bestimmten biologischen Organen. Der Prozessor stellt gleichzeitig das Herz und das mathematische Gehirn dar, das mit einer bestimmten Frequenz den Aufgabenstapel abarbeitet.

Im Englischen hat er daher den Namen *Central Processing Unit*, kurz **CPU**, erhalten. Maßgeblich für die Rechenleistung ist nicht nur die maximale Taktfrequenz, sondern auch die Anzahl der Recheneinheiten, den sogenannten Kernen. Nicht jedes Programm unterstützt das Verwenden von mehreren Kernen, denn dieses Verhalten muss ganz bewusst im Quellcode eines Programms verankert werden. Die Sinnhaftigkeit der Kernanzahl ist auch dadurch begrenzt, dass es stets eine bestimmte Anzahl von Vorgängen gibt, die zeitgleich stattfinden können.

So wie beim Herz kann um Energie zu sparen und die Lebensdauer der Komponenten zu erhöhen die Frequenz gedrosselt werden, falls die Situation es zulässt. In enger Zusammenarbeit steht der Prozessor mit dem

Arbeitsspeicher.

Dieser ist das Kurzzeitgedächtnis des PCs. Er hat im Englischen den Namen *Random - Access Memory*, kurz **RAM**. Dessen großer Vorteil ist die hohe mögliche Kommunikationsgeschwindigkeit, nämlich die Geschwindigkeit der CPU.

Als Nachteil kann betrachtet werden, dass die gespeicherten Informationen verloren gehen, wenn der Stromfluss zu dieser Hardware - Komponente wegfällt. Beim Energiesparmodus eines Computers muss daher der Arbeitsspeicher angeschaltet bleiben, was allerdings ein sehr schnelles Wiederhochfahren ermöglicht, denn das Betriebssystem oder geöffnete Programme sind sozusagen bereits „im Arbeitsspeicher".

Damit der Arbeitsspeicher überhaupt mit Informationen gefüllt werden kann, wird ein fester Speicher, also das Langzeitgedächtnis, benötigt. In der Regel ist das die

Festplatte. Die Bauweise, die sehr lange den Markt eingenommen hat, ist die **HDD** (*Hard Disk Drive*) gewesen, welche nun meist von der deutlich performanteren, kompakteren *Solid State Disk* (**SSD**) abgelöst wird. Wird keine kleine und schnelle Festplatte benötigt ist die nun günstigere HDD nach wie vor ein hervorragendes Mittel um viele Daten abzulegen. Zu den gespeicherten Inhalten gehört natürlich auch das

Betriebssystem, welches nach dem Starten des Computers das erste aufgerufene interaktive Programm ist. Dabei ist die SSD ganz klar als Speichermedium zu empfehlen, da so das Hochfahren sehr schnell von statten gehen kann. Es hat eine Grafische Benutzeroberfläche, was auf Englisch ‚Graphical User Interface'

(GUI) heißt. Bekannt sind im Umgang mit PCs „Windows“, „MacOS“ und „Linux“. Solche und alle weiteren funktionellen Inhalte die auf Speichermedien abgelegt werden können, werden

Software genannt. Durch die Software - Programmierung der Hardware – technischen Abläufe werden also alle Ereignisse, die Sie im Zusammenhang mit Computern kennen, überhaupt erst möglich.

1.1 Programmieren als logischer Entwicklungsschritt der Menschheit

‚Ja natürlich!‘ denken Sie sich jetzt. Gemeint ist in diesem Fall der Bezug zu programmierähnlichen Denkweisen, die der Mensch schon lange in solcher Art und Weise zu seinem Vorteil nutzt.

Ein hervorragendes Beispiel stellt die Dressur von Wölfen dar. Die Fähigkeit durch eine Kommunikation der nicht - eigenen Sprache das Gegenüber zur Kooperation zu bewegen ist ein Ausdruck fortgeschrittener Intelligenz. Es gibt in der Natur zwar oft eine Lebensgemeinschaft zwischen verschiedenen Arten, jedoch sind diese lediglich intuitiv. Das Zusammenleben von Menschen und Hunden hingegen, ist durch ein Actio- / Reactio - Verständnis des Dressierenden entstanden. Der Mensch weiß, dass das eigene Verhalten in verschiedenen Situationen ebenfalls verschieden ist. Dabei handelt es sich um einen logischen Zusammenhang, welcher in diesem Beispiel in erster Linie das Fressverhalten thematisiert. Der Wolf stellt als Feind eine große Gefahr dar. Zwar kann er überwältigt und in die Flucht geschlagen werden, jedoch hätte er als Freund sogar einen Nutzen. Dazu gehören die Verteidigung und Alarmierung der Gruppe oder die überlegene / nützliche Nase. Mit der Erkenntnis, dass Wölfe eine Begegnung an manchen Tagen meiden und an hungrigen Tagen ans Überleben zu denken scheinen, ist die Idee entstanden dem Wolf gelegentlich einen Knochen zuzuwerfen. Es ist dann nur eine Frage der Zeit gewesen, bis manche schlauen Wölfe ebenfalls den eigenen Vorteil darin erkannt haben, sich mit den Menschen zu verbünden. Die gezielte Züchtung bestimmter Rassen ist ein weiterer Schritt der Programmierung, da so bestimmte erwünschte Merkmale verstärkt und isoliert werden können. Die Hunde können nun optimal ganz vielen Zwecken dienen, ob als Jagd-, Hüte- oder Gesellschaftshund. Für warmes, kaltes oder mildes Klima.

Dieses Beispiel, welches nur eines von vielen ist, zeigt: Auch Sie, sofern Sie noch kein Informatikprofi sind, verstehen also schon was es heißt zu Programmieren. Es ist etwas das sehr an die Gesetze der Logik gebunden ist. Es handelt sich um ein Prozessdenken, welches durch logische Zusammenhänge abgesichert werden kann. Allerdings ist dazu vorher die Erfindung des Computers, wie wir ihn kennen, notwendig.

Die Person, die an dieser Stelle genannt werden soll ist Alan Turing, welcher diesen flexiblen Rechner und dessen Fähigkeiten schon vor der tatsächlichen Erfindung vorhergesagt und entworfen hat. Dabei spricht er von der „universellen Turing - Maschine", welche dank diverser Programme etliche Probleme lösen kann. Dies sei möglich, durch das Konzept von Hardware, Software und der Speicherprogrammierung. Seine Idee ist in den Jahren 1945 bis 1950 im „National Physical Laboratory" in London Wirklichkeit geworden. Dort hat er den

„Automatic Computing Engine“ („ACE“) gebaut, die reale Turing - Maschine. Darüber hinaus hat er die Frage, ob solche Maschinen eigenständig denken und tatsächliche Intelligenz besitzen können, formuliert und dafür den „Turing - Test“ entworfen. Geprüft wird dabei, ob ein Proband bei einer testweisen Chatprogrammunterhaltung unterscheiden kann, ob am anderen Ende Computer oder Mensch sitzt. [1]

Nun im Jahr 2020, dem digitalen Zeitalter, ermöglicht uns die Fähigkeit des Programmierens und die Unterstützung des Computers komplett neue Lebensweisen. Digitalisierung heißt, dass Vorgänge auf Binärcode übersetzt werden. Aus einer komplexen Anforderung werden unzählige Nullen und Einsen, welche jedoch von der elektronischen Hardware verstanden werden. ‚Unter Strom oder nicht unter Strom?‘, ist also die moderne Frage unserer Zeit.

Schon die ersten Computer haben enormen Komfort bereitet, das menschliche Gehirn ist in vielen Bereichen entlastet worden. In der Freizeit entstehen unzählige Möglichkeiten der digitalen Unterhaltung. Die Tatsache, dass alles nur eine Frage der Rechenleistung ist, beschleunigt den Fortschritt ungemein. Die Kooperation mit der Natur hat Grenzen, Digitalisierung womöglich nur durch die verfügbaren Ressourcen.

1.2 Die Einsatz- & Nutzungsbereiche von C++

Die Nutzung der Sprache ist nicht auf Anwendungen oder Programme beschränkt, auch bei Betriebssystemen wird C++ eingesetzt. Sowohl Microsoft Windows, als auch Apple macOS verdanken ihr in Teilbereichen die Existenz. Die Sprache gehört folglich zu den beliebtesten bzw. meist verwendeten, schließlich gibt es C++ nun schon länger als 30 Jahre. Immer wenn es wichtig ist, das Maximale aus der gegebenen Rechnerleistung zu generieren, ist diese maschinennahe Programmiersprache in der engeren Auswahl. Da sie derart fundamental eingesetzt wird ist die Programmiersprache C++ von der ISO genormt worden.

1.3 Sprachen im Überblick

Neben C++ gibt es viele diverse andere Programmiersprachen. Nennenswert sind z.B.:

Visual BASIC, C, C#, Java, Javascript, Python, Swift, Delphi.

Genauer sollen diese hier nicht betrachtet werden. Allgemein muss jedoch gesagt werden, dass die Gemeinsamkeiten bei der Programmierung eine stärkere Gewichtung haben als die Unterschiede.

Gemeinsamkeiten

So haben Programmiersprachen z.B. einen Sprachkern und eine Standardbibliothek. Darin gibt es eine Auswahl an Funktionen, es ist auch die Rede von Methoden. Es werden Variablen benutzt, welche deklariert, verarbeitet und überprüft werden können. In der Komplexität können Programme dann z.B. durch Schleifen oder Entscheidungen erhöht werden. Sofern der Rechner das Programm ausführen soll, so muss es kompiliert, d.h. in Maschinensprache übersetzt werden. Dazu braucht jede Sprache einen eigenen Kompilierer (eng.: Compiler).

Unterschiede

Welche Programmiersprache letztendlich aber für die jeweilige Anwendung die richtige ist, lässt sich trotz allem besser an den Unterschieden festmachen.

Nicht alle Sprachen können das Gleiche. Es gibt Sprachen, welche geeignet oder nicht geeignet sind für z.B. objektorientierte Programmierung. Die Auswahl möglicher Methoden unterscheidet sich und auch die so genannte Syntax, d.h. wie der Quelltext formuliert werden muss, ist andersartig. Zeichensetzung, Formulierungen, all das hat immer eine bestimmte Bedeutung.

Außerdem gibt es Sprachen, die (wie bereits erwähnt) maschinennah sind. D.h. Der Code hat beim Übersetzen direkten Einfluss auf die Hardware des Computers. C++ ist eine dieser Sprachen.

Ein erstes Fazit

Im folgenden Inhalt sollen Sie lediglich die ersten und wichtigsten Schritte in einer Programmiersprache tätigen und mit den Grundlagen vertraut werden. Dazu ist C++ ebenso gut wie eine der genannten Möglichkeiten und umfasst alle Grundbereiche, die in der Programmwelt Heimat gefunden haben. Um das volle Potential der Programmiersprache C++ auszuschöpfen ist allerdings ein tieferes Verständnis für die Hardware des Computers notwendig. In diesem Buch soll daher ein ausgewogenes Maß an Sprachumfang und weiterführendes Wissen vermittelt werden.

Für den Fall, dass Sie nach diesem Buch weitere Sprachen kennenlernen möchten, wird es notwendig sein sich über die Unterschiede weiter zu informieren.

2 Das Studio für Ihre Komposition

Das Erstellen von Programmen kann komplex und fehleranfällig sein. Um in einem Projekt den Überblick zu behalten, ist es daher gang und gäbe sich helfen zu lassen.

Die Software die dazu genutzt werden kann nennt sich *Entwicklungsumgebung* oder *Code Editor* und ist vor allem dafür zuständig, dass die Syntax korrekt ist. Das heißt es findet eine Fehlererkennung statt, ähnlich wie die Rechtschreibhilfe in Text - Programmen. Auch eine angenehme Farbgebung und Hervorhebung von zusammenhängenden Elementen ist üblich. Des Weiteren werden alle Bestandteile des Programms übersichtlich in Projekten sortiert und Sie können sich ausschließlich auf das Programmieren konzentrieren. Sind Sie sich nicht sicher, ob ein Code so funktioniert wie beabsichtigt, so kann dieser mit einem Mausklick testweise kompiliert und ausgeführt werden.

Wie im aktuellen Zeitalter gewohnt gibt es auf dem freien Markt eine diverse Auswahl von verschiedenen Code - Editoren oder Entwicklungsumgebungen, welche auch unter dem englischen Namen IDE (Integrated Development Environment) bekannt sind. Viele davon sind in der Kategorie Freeware und für unsere Zwecke völlig ausreichend.

Einschub: Dateiendungen

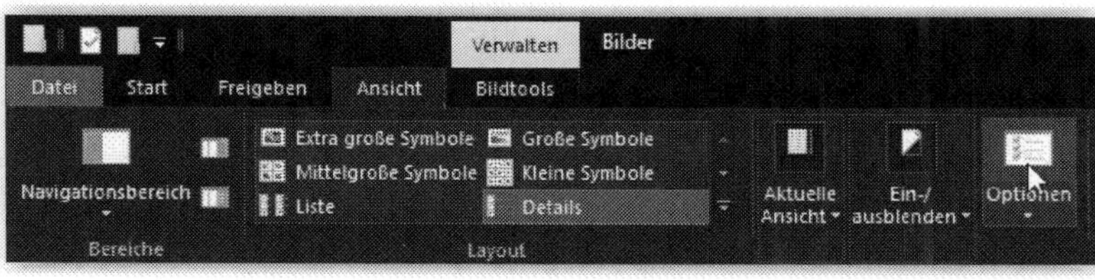

Abbildung 1 – Windows Explorer - Optionen

Es besteht die Möglichkeit, dass die Dateiendungen bestimmter Dateitypen in der Ordnerstruktur des Windows - Explorer ausgeblendet werden.

Um sicherzustellen, dass es im Folgenden nicht zur Irritation kommt, sollte unbedingt dieser Haken entfernt werden.

‚Erweiterungen bei bekannten Dateitypen ausblenden'

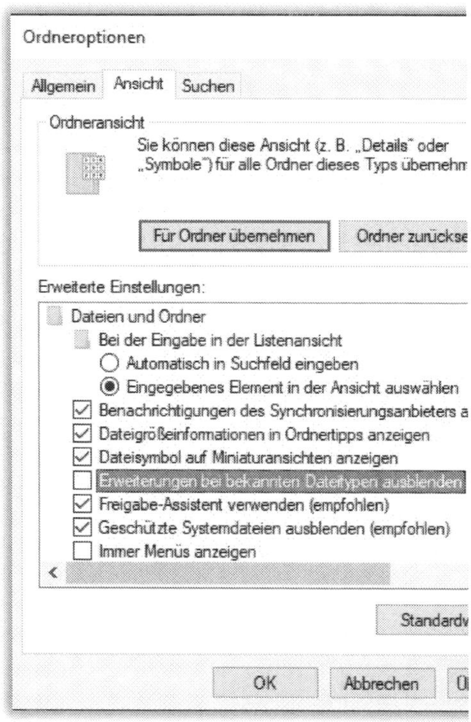

Abbildung 2 – Ordneroptionen

2.1 Code::Blocks – Das Universalwerkzeug

Der Titel des gewählten Programms ist *Code::Blocks*. Dabei handelt es sich um eine kostenfreie Open - Source - Software. Diese ist entwickelt worden, um allen Plattformen gerecht zu werden. D.h. die IDE kann sowohl auf Linux, Windows als auch MacOS verwendet werden und ist somit für das Vorhaben genau die richtige Wahl. Umfangreich, jedoch schlicht und übersichtlich. So lautet auch das Versprechen auf der Startseite der offiziellen Homepage.

„Finally, an IDE with all the features you need, having a consistent look, feel and operation across platforms." [2]

Für den Fall, dass das optische Erscheinungsbild sich letztendlich doch von System zu System unterscheidet, sei an dieser Stelle der Hinweis gegeben: Im Folgenden wird die Windowsoberfläche betrachtet. Selbstverständlich kann jede andere C++ - fähige IDE verwenden werden, sollte eine andere Umgebung besser gefallen.

Für die Installation von *Code::Blocks* gibt es folgende unterstützende Hinweise. Unter anderem wird ein standard-mäßiger Kenntnisstand zum Umgang mit Ihrem PC voraus-gesetzt, um einen schlanken Inhalt dieses Buchs zu gewähren.

Schritt 1 Besuchen Sie die offizielle Website: **http://www.code blocks.org/downloads/26** [3] (alternativ: QR Code)

Schritt 2 Tätigen Sie den entsprechenden Download für Ihr System (siehe Abbildung 3, S.19).

Abbildung 3 – Download Code::Blocks [3]

Schritt 3 Führen Sie die Installation mithilfe der setup.exe Datei durch.

Hinweis: Bei der Installation wird *Code::Blocks* nach einem Standardcompiler fragen. Für den Fall, dass noch kein passender installiert ist, sieht die Situation folgendermaßen aus:

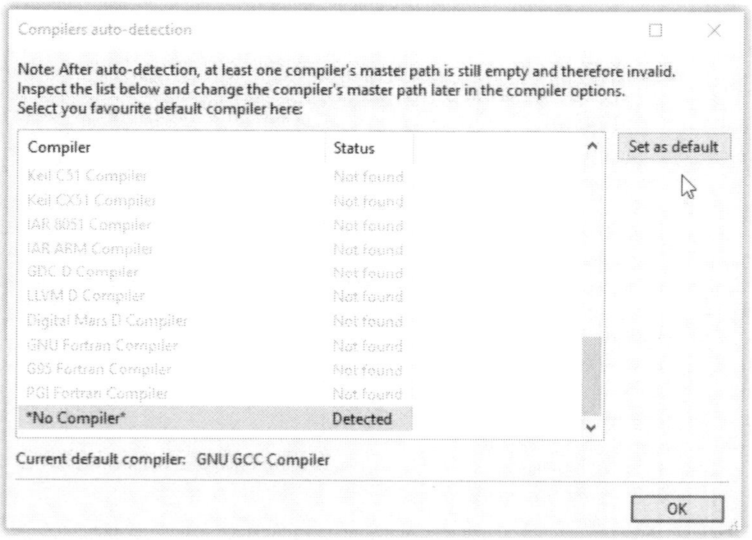

Abbildung 4 – Auswahl Standardcompiler

Es ist erkennbar: Der Status bei allen aufgelisteten Compilern lautet ‚nicht gefunden' und ‚kein Compiler' ist gefunden worden.

Für den Moment kann dies bestätigt. Später werden die *Compiler Settings ge*öffnet und die notwendigen Einstellungen getroffen. Doch erst gilt es das Mysterium um den Kompilierer zu lüften.

2.2 Der Compiler – Ein Dolmetscher zwischen persönlichem Programm und *Personal Computer*

In der Zwischenzeit ist also bekannt: Ein Programmsyntax muss stets übersetzt werden. Dabei wird erreicht, dass der Mensch mithilfe einer Sprache, die ähnlich seiner eigenen ist, zunächst alle Spielregeln und Zusammenhänge definieren kann. Dazu ist die gewählte Entwicklungsumgebung ein sehr geeignetes Werkzeug. Die Hardware braucht dagegen nur bestimmte Stromflüsse zum richtigen Zeitpunkt.

Der Compiler ist also ein Konstrukt, das auf Basis der Syntax die Prozessorarchitektur des Computers nutzbar macht um damit Befehle mit einer fast schon unglaublich hohen Taktrate abzuarbeiten.

Relevante Faktoren für diesen Übersetzer sind, um was für einen Prozessor es sich handelt und mit welchem Betriebssystem er verwendet wird. Die Komponenten sind grundsätzlich in jedem einzelnen Computer gleichartig und dieser technische Sammelbegriff ist gut vergleichbar mit den biologischen Säugetieren. Sie können sich enorm unterscheiden, auch wenn sie verblüffend viele Gemeinsamkeiten, wie Herz, Lunge und Gehirn vorweisen.

Eine Diversität von darauf zugeschnittenen Compilern ist das logische Resultat der Weiter- und Parallelentwicklung von der Hardware. Ein bedeutender Vorteil der IT - Welt ist also gleichzeitig eine der Schwachstellen. Schneller Fortschritt heißt auch, dass Technik schnell veraltet und so müssen die Programme stets gewartet und weiterentwickelt werden.

Am Ende dieses Kapitels soll eine grobe Vorstellung von der vorhandenen Auswahl präsent und die Installation des Compilers verstanden sein.

Standardmäßig sollte auf Ihrem Windows- oder Mac - Computer z.B. bereits *Visual C++* oder *Clang* installiert sein.

Für Linux - Nutzer muss der *g++ Compiler*, welcher ein Teil der *GNU Compiler Collection (GCC)* ist, installiert werden. Hierbei handelt es sich ebenfalls um eine Open Source Software, d.h. sie ist frei implementier- und anpassbar. Dieser Compiler ist also ebenfalls für alle Plattformen verwendbar. (Beispielsweise gibt es für Windows eine vorgefertigte Variante *MinGW* für die direkte Installation.)

Eine weitere Option, welche Intel - Prozessorbesitzern vorbehalten ist, ist der *Intel C++ Compiler*.

Haben Sie Ihren Favorit - Compiler gefunden? Dann sollten er gleich installiert und in die Entwicklungsumgebung eingebunden werden, damit die erstellten Programme direkt ausführbar sind.

Abbildung 5 – MinGW-w64 [4]

Als Beispiel soll ‚MinGW-w64' für Windows installiert und verwendet werden. Dazu gibt es folgende step - by - step Anleitung.

Schritt 1 Besuchen Sie die offizielle Website: **http://mingw-w64.org/doku .php/download/mingw-builds** [4] (alternativ: QR Code)

Schritt 2 Tätigen Sie den Download.

Zum Dokumentationszeitpunkt wird zu der seriösen Downloadseite von ‚Sourceforge' weitergeleitet (siehe Abbildung 6, S.23).

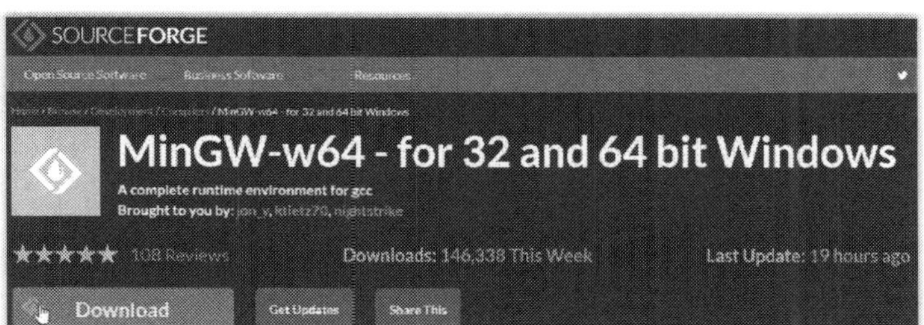

Abbildung 6 – Download MinGW-w64 [5]

Schritt 3 Führen Sie die Installation mithilfe der setup.exe Datei durch.

Hinweis Bei der Installation wird sichergestellt, dass der Compiler korrekt und wie gewünscht mit dem Prozessor des Computers zusammenarbeiten kann. Daher gibt es verschiedene Einstellmöglichkeiten. (siehe Abbildung 7, S.24). Sofern Sie keinen sehr alten Prozessor benutzen, ist aktuell folgende Auswahl korrekt:

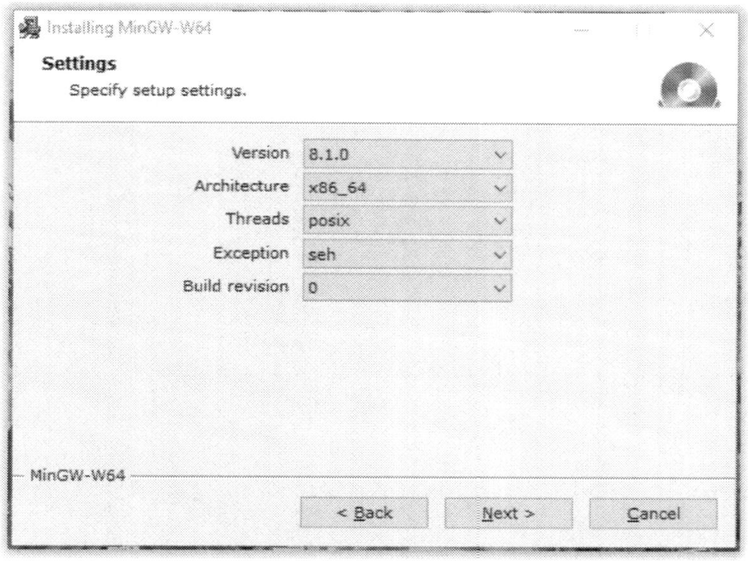

Abbildung 7 – Installation MinGW-w64

Nun haben Sie Ihre Entwicklungsumgebung und den Compiler erfolgreich installiert!

2.3 Kennen Sie schon MinGW-w64?

Ein letzter notwendiger Schritt ist das Bekanntmachen der beiden. Öffnen Sie dazu ‚Settings' → ‚Compiler…'.

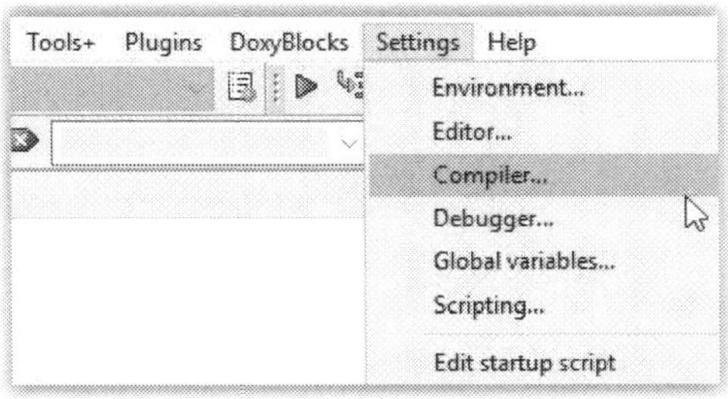

Abbildung 8 – Code::Blocks - Compiler Settings

Selektieren Sie Ihren Compiler in den ‚Global compiler settings'. *MinGW-w64* entspricht dem *GNU GCC Compiler*. Keine Sorge, *Code::Blocks* hat bereits davon gehört.

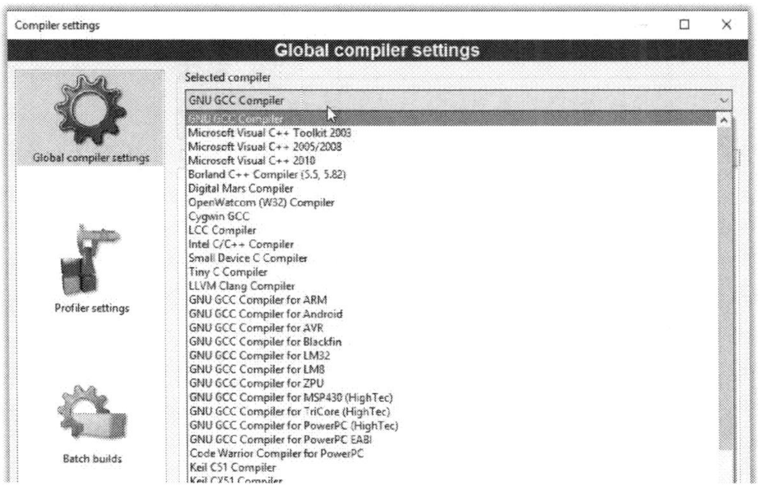

Abbildung 9 – Code::Blocks - Selected compiler

Fortsetzend muss nun im Bereich ‚Toolchain executables' das Verzeichnis des Compilers (= ‚Compiler's installation directory') angegeben werden (siehe Abbildung 10, S.26). Durch das Anwählen der drei Punkte wird die Ordnerstruktur von Windows geöffnet.

Die rot verfasste Notiz ist sehr hilfreich, denn so kann bei dieser Gelegenheit kontrolliert werden, ob alle fünf geforderten .exe - Dateien in dem ‚bin' - Unterverzeichnis vorzufinden sind. Andernfalls müssten diese durch die Angabe weiterer Pfade (= ‚Additional Paths') auffindbar gemacht werden.

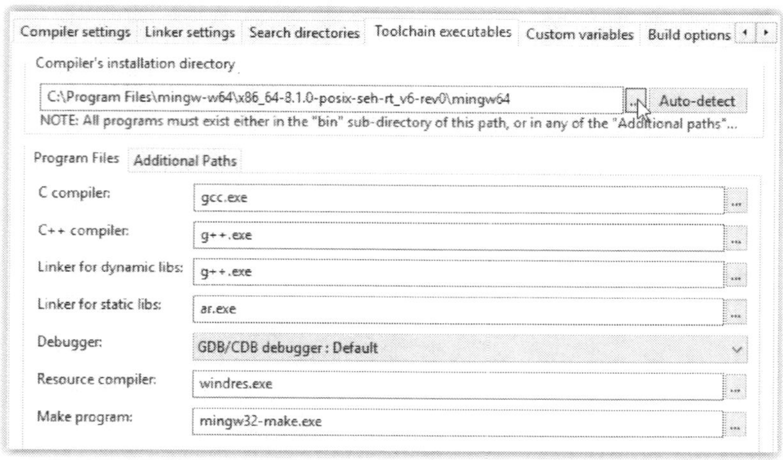

Abbildung 10 – Code::Blocks - Auswahl Verzeichnis Compiler

Das *Compiler Settings* - Fenster kann nun mit der Auswahl ‚OK' geschlossen werden. Ob alles geklappt hat, wird sich später zeigen, wenn das erste Programm ausgeführt werden soll.

2.4 Debugger – ‚Wie bitte?'

Da der Begriff beim ersten Lesen etwas stutzig machen kann, darf eine kurze Erklärung nicht fehlen. Der Begriff *Bug (eng.)* bedeutet Käfer oder Insekt und hat in der IT - Welt Füßchen gefasst, weil er Programmfehler verbildlicht.

Ein Käferbefall, z.B. bei der Kartoffelpflanze, kann klein anfangen und letztendlich verheerende Schäden bringen. Wenn also davon gesprochen wird, dass sich ein Bug eingeschlichen hat, dann muss dieser entfernt werden. Ein Debug - Prozess (= Entkäferung) wird also unbedingt benötigt! Dazu gibt es den *Debugger* [d/i:/b/ɐ/gger].

Um diesen verwenden zu können braucht *Code::Blocks* ebenfalls einen Wegweiser. D.h. der Eintrag muss noch in den *Debugger Settings* gemacht werden.

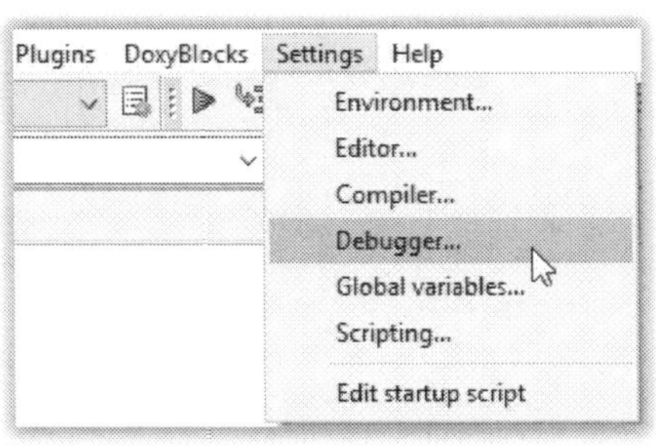

Abbildung 11 – Code::Blocks - Debugger Settings

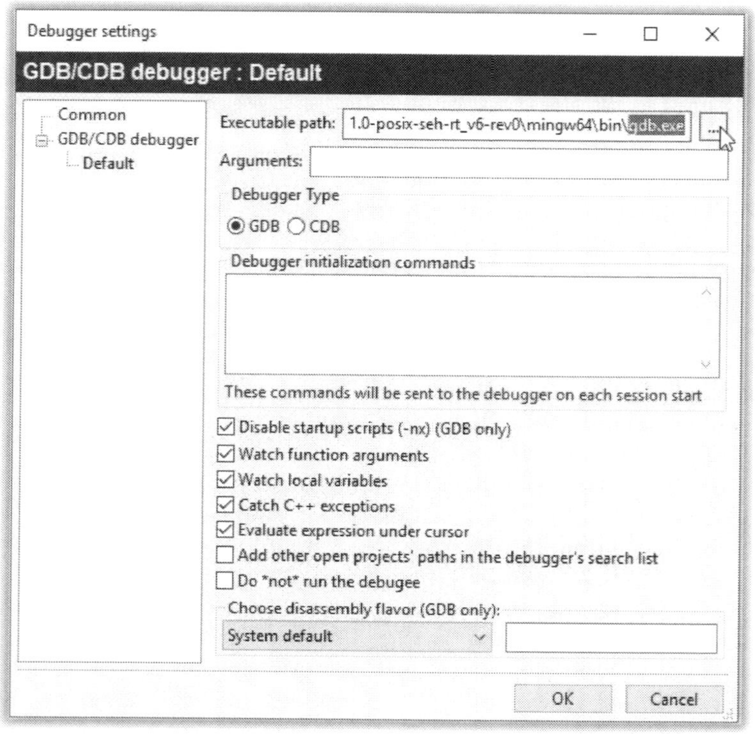

Abbildung 12 – Code::Blocks - Debugger Pfad

Die Suche fällt leicht, denn der einzig aufgeführte *Debugger* ist ‚GDB/CDB'. In dessen Unterstruktur können die Standard-einstellungen ‚Default' gefunden werden. Dort muss ‚gdb.exe' in dem ausführbaren Pfad (= ‚Executable path') ausgewählt werden. Es ist dasselbe Verzeichnis wie in Abbildung 10 auf Seite 26. Bestätigen Sie die Änderung mit ‚OK'.

Das ist alles! *Code::Blocks* ist nun fertig konfiguriert.

3 Hello World – Ihr erstes Programm

3.1 Die Entwicklungsumgebung – Erste Schritte

Da alle Vorbereitungen getroffen sind, kann das erste Projekt gestartet werden. Navigieren Sie dazu über ‚File' → ‚New' hin zu ‚Project…'.

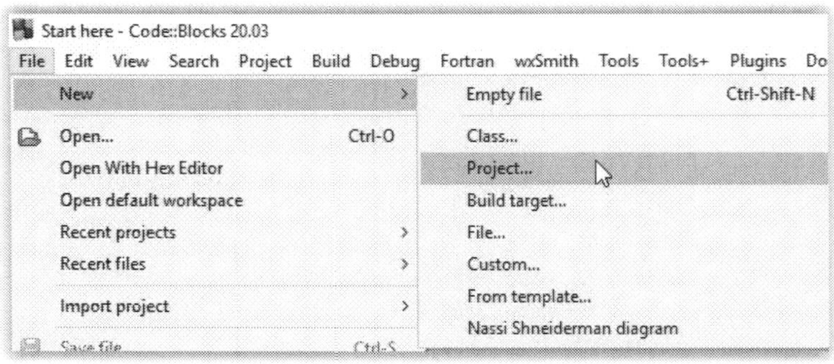

Abbildung 13 – Neu → Projekt

<u>Abbildung 14, S.30:</u> Für die ersten Schritte ist eine Konsolen-anwendung (= ‚Console application') simpel und effektiv. Damit können bereits einige Methoden gelernt und Kenntnisse entwickeln werden. Nach der Auswahl fahren Sie mit ‚Go' fort.

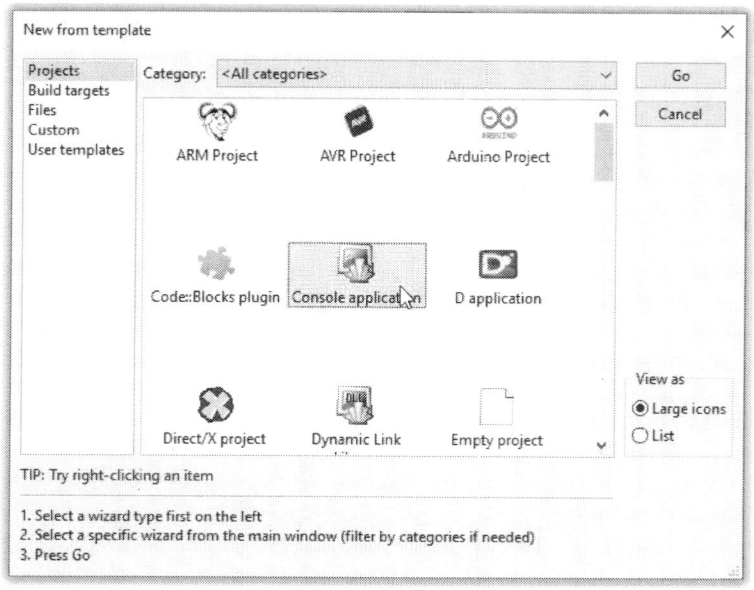

Abbildung 14 – Konsolenanwendung

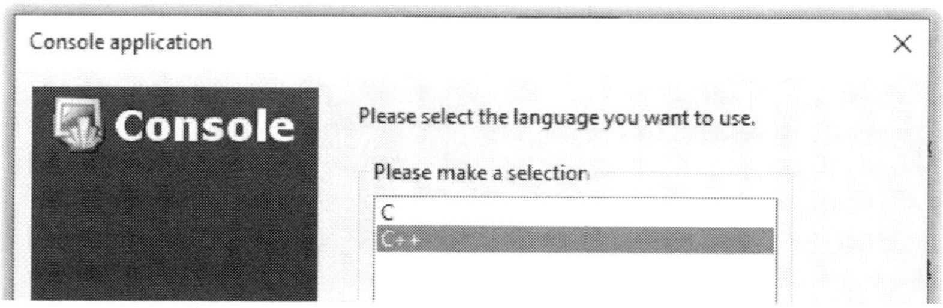

Abbildung 15 – Sprachauswahl

Nachdem die Sprache C++ ausgewählt worden ist, bekommt das Projekt einen Namen und einen Speicherort (siehe Abbildung 16, S.31). Dabei ist darauf zu achten, dass keine Leerzeichen verwendet werden. Das kann zu Problemen beim Compilen oder Debugging führen.

Bestätigen Sie die Auswahl jeweils mit ‚Next‘.

Abbildung 16 – Name und Speicherort

<u>Abbildung 17, S.32:</u> Für den Fall, dass mehr als nur ein einziger installiert ist, soll als nächstes erneut der gewünschte Compiler ausgewählt werden. Die Optionen zum Thema ‚Debug‘ werden an dieser Stelle übergangen und später in Kapitel 3.2 ‚Build and run‘ betrachtet. Die Standardeinstellungen sind in Ordnung.

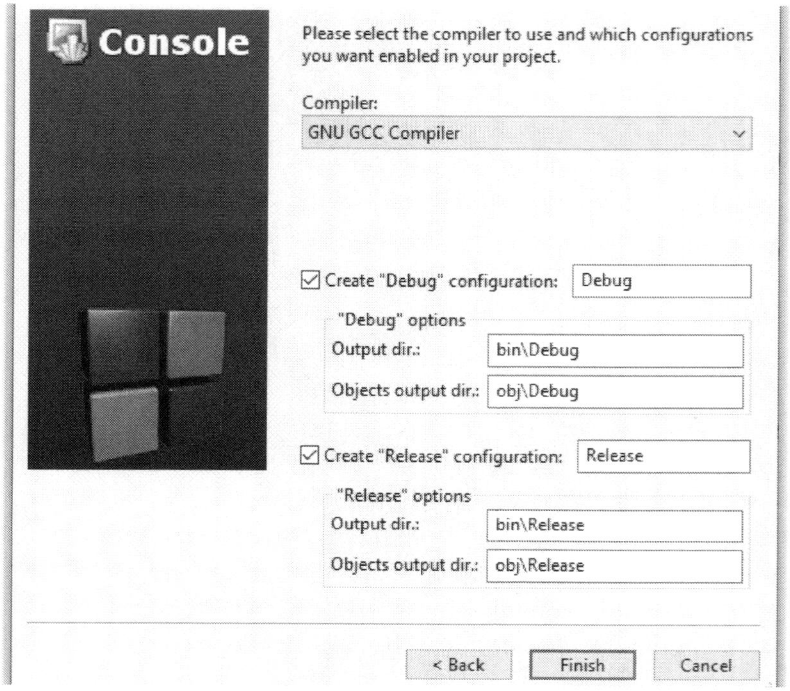

Abbildung 17 – Compiler, Debug Configuration

‚Finish' kennzeichnet das Ende des *New Project* - Vorgangs. Abbildung 18, S.33: Im Anschluss wird der Workspace bereits mit einer Struktur ausgestattet, auf welcher aufgebaut werden kann. Das Projekt ‚Mein erstes Programm' bildet den obersten Knoten, darunter gibt es einen virtuellen Ordner mit verschienen Quellen (= ‚Sources'). Darin ist zunächst nur die main.cpp, also die Hauptprogrammdatei mit der Endung .cp(lus)p(lus) .

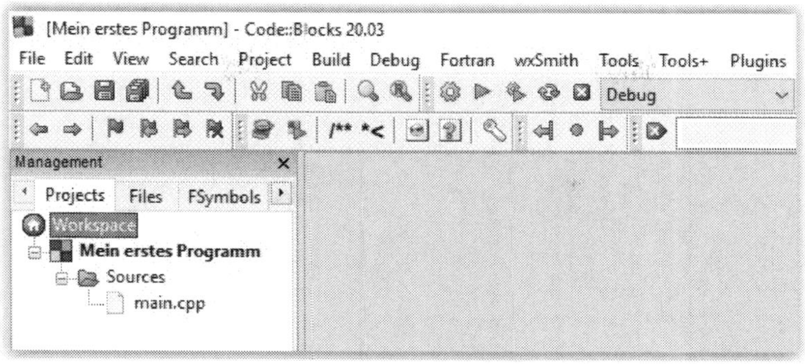

Abbildung 18 – Workspace

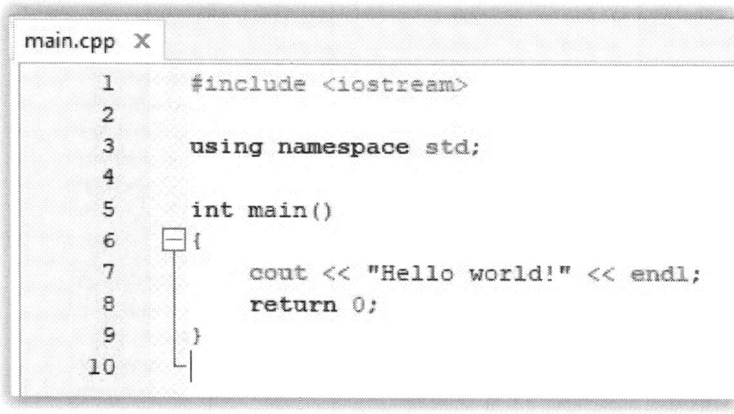

Abbildung 19 – main.cpp, Hello World

Die Datei main.cpp wird durch einen Doppelklick geöffnet. *Code::Blocks* hat dort vorbereitend bereits das allgemein bekannte ‚Hello World' in C++ - Syntax formuliert. Dieses Programm hat schon lange Tradition und sie wird voraussichtlich noch lange so weitergeführt werden. *Hello World* hat die einzige und simple Aufgabe diesen Text auszugeben. Da es sich um eine Konsolenanwendung handelt, geschieht dies in ebendieser.

Zwischeninformation: Die Konsole (eng. ‚Terminal') ist Teil des Betriebssystems. Sie bietet die Möglichkeit dem Computer lediglich über Texteingabe Befehle zu geben oder verschiedene Daten abzufragen.

3.2 ‚Build and run'

Der Moment der Wahrheit ist gekommen. Kann dieses Programm kompiliert und ausgeführt werden? Vor dem ersten Ausführen muss das Programm erstellt werden. Daher ist die notwendige Auswahl zunächst ‚Build' oder ‚Build and run':

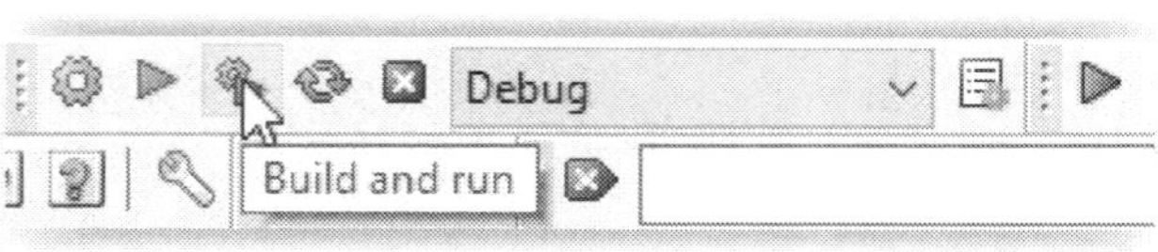

Abbildung 20 – Build and run

Wenn alles funktioniert ist das Ergebnis folgendes:

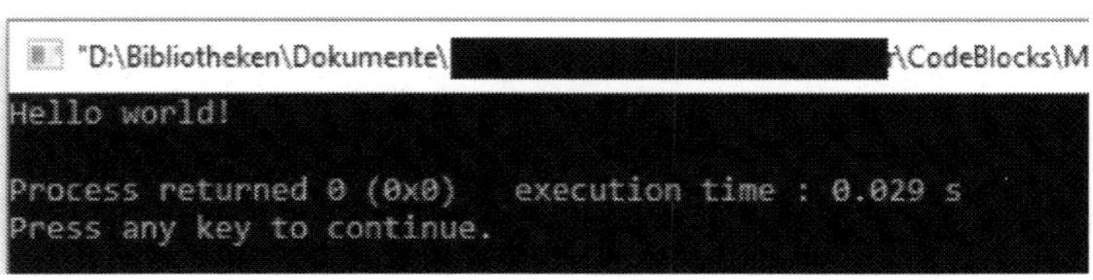

Abbildung 21 – Ausgabe Konsole

Wird etwas gebaut / erstellt, muss also etwas im Hintergrund der Code::Blocks - Oberfläche passieren.

Ein Blick in die Ordnerstruktur vor und nach dem ersten Kompilieren verschafft Klarheit.

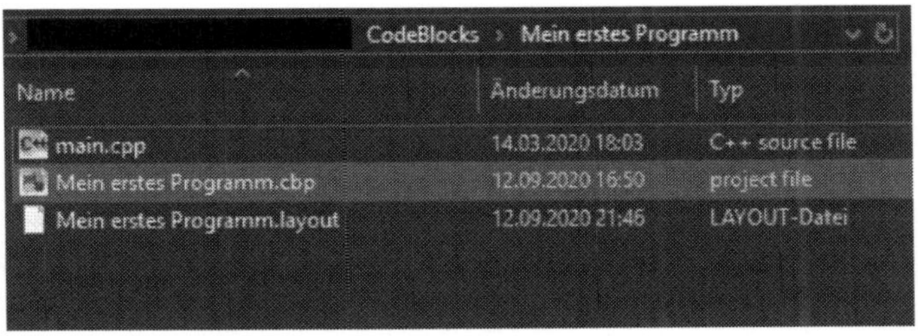

Abbildung 22 – Windows Struktur vor ‚Build'

Der Ausgangszustand entspricht etwa dem, was zu erwarten ist. Alles was grundsätzlich für *Hello World* benötigt wird ist in der main.cpp. Schließlich ist das bisher unser ganzes Programm. Ohne Entwicklungsumgebung könnte diese trotzdem dank des Compilers über andere Wege, z.B. mittels der Konsole, kompiliert werden. Folglich ist die *Projektdatei*.cbp nur für *Code::Blocks* bzw. die Entwicklungsumgebung relevant. Warum das Layout (*[…].layout*) nicht in der *[…].cbp - Datei* untergebracht werden kann ist wohl der gesonderte Stil von *Code::Blocks*.

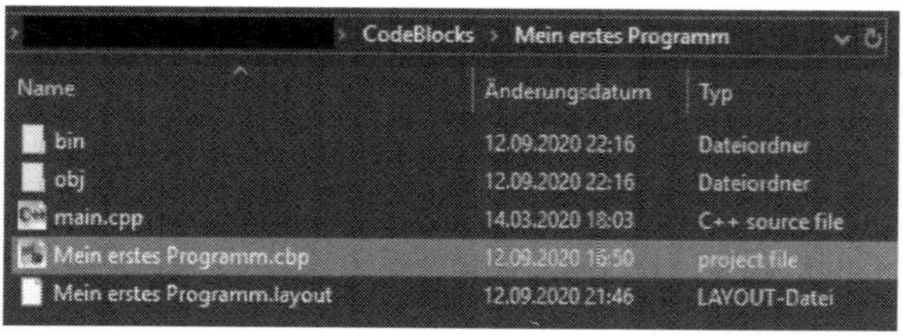

Abbildung 23 – Windows Struktur nach ‚Build'

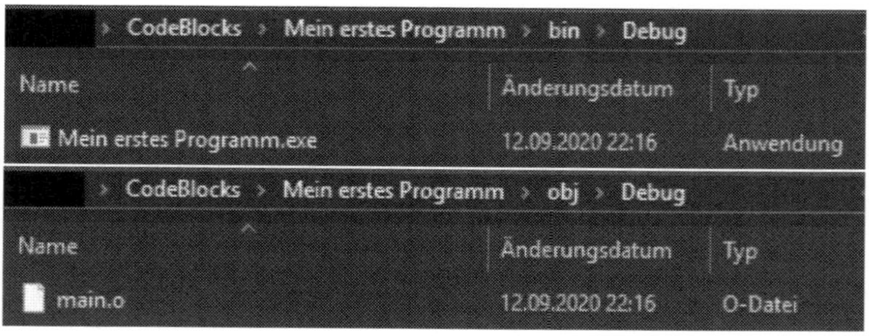

Abbildung 24 - Windows Struktur Unterverzeichnisse

Abbildung 23 (S.36) und Abbildung 24 (S.36) zeigen was mit der main.cpp beim ‚build' - Vorgang passiert.

Es werden zwei Verzeichnisse erstellt. Das erste heißt ‚bin', welches die **Bin**är - Daten mit der Endung .exe enthält. Das wiederum ist kurz für ‚**exe**cutable' (= ausführbar). An dieser Stelle wird der ein oder anderen Person vielleicht klar, wie sinnvoll es ist Programmieren zu lernen, um den Computer besser verstehen zu können.

Das zweite Verzeichnis ‚obj' enthält **Obj**ekt - Daten, welche ein Zwischenergebnis des Kompilierers sind. Für die Ausführung sind diese nicht mehr relevant. Sie haben z.B. die Endung .o oder auch .obj.

Um alles bisherige zusammenzufassen, soll ein alternativer Weg zum Ergebnis erschlossen werden. Je mehr Wege erforscht werden, desto größer die Vernetzung und desto intuitiver die Zielfindung bei etwaigen Informatikproblemen.

3.3 Kompilieren mithilfe der Windows - Konsole

Der Ausgangspunkt der betrachtet wird, ist folgender. Der Kompilierer sei installiert und der Pfad der g++.exe - Datei bekannt. Seit der Verknüpfung von Entwicklungsumgebung und Kompilierer (S.26, Abbildung 10) ist bekannt, dass g++.exe in unserem Beispiel der C++ - Compiler ist.

Warum das Programm ‚Hello World' so wie in Abbildung 19 (siehe S.33) formuliert werden muss ist zwar noch schleierhaft, aber um es kompilieren zu können, darf es das sein. Mit folgendem Beispiel kommt Licht ins Dunkel. Wichtig ist die Erkenntnis, dass die jeweiligen Dateiendungen für das Betriebssystem unerlässlich sind. So kann nämlich klar definiert werden, welche Bestimmung ein Datensatz hat. Durch *Code::Blocks* ist mittlerweile erkennbar geworden, dass eine .cpp - Datei einen

C++ - Quellcode enthält. Es steht die Frage im Raum, wie also ohne Entwicklungsumgebung eine .cpp Datei erstellt werden könnte. Erstellen Sie ein vorrüber-gehendes / temporäres Verzeichnis für diese Untersuchung. Dort kann durch einen Rechtsklick→ ‚Neu'→ ‚Textdokument' ein leeres Textdokument erstellt werden (siehe Abbildung 25, S.38), z.B. mit dem Namen ‚Hello.txt'. Die Dateiendung für den Text - Editor wird selbstverständlich, wie gewohnt, automatisch angefügt.

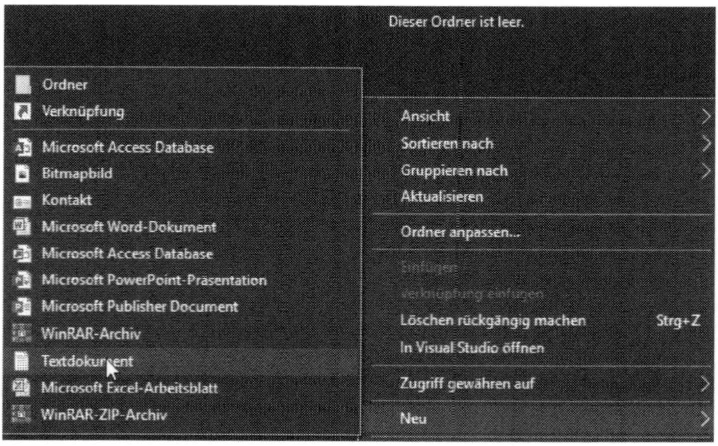

Abbildung 25 – Neu → Textdokument

Fügen Sie dort den C++ - Quellcode von ‚Hello World' ein. Im Anschluss: speichern und schließen.

Abbildung 26 – Hello.txt

Nun muss dem Computer mitgeteilt werden, dass es sich hierbei nicht um einen gewöhnlichen Text handelt, sondern um das C++ - Programm.

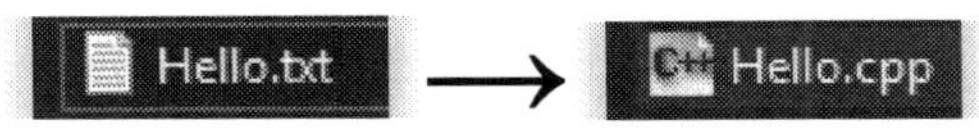

Abbildung 27 – Umbenennung Dateiendung

Dies geschieht ganz einfach, indem die Endung .txt zu .cpp geändert wird. Der Zusammenhang gilt für beide Richtungen. Um das zu überprüfen kann die von Code::Blocks erzeugte .cpp - Datei testweise in eine .txt - Datei umbenannt und geöffnet werden. Das Resultat wird das gleiche sein wie in Abbildung 26 auf S.39. – ‚Aha!'

Nachdem nun der Sinn und Zweck des Code - Editors klar ist, soll noch ein Vergleichsweg für das Kompilieren erschlossen werden. Als Vorstufe zu diesem Schritt muss der Zugriff auf den

C++ - Compiler durch die Konsole flexibel möglich sein. Das kann ermöglicht werden, indem die so genannte Systemvariable namens ‚Path' mit dem Pfad des Kompilieres ergänzt wird.

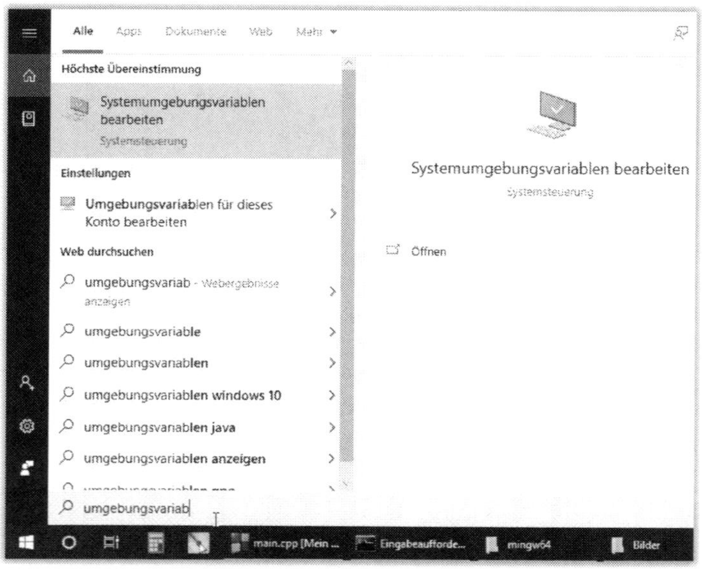

Abbildung 28 – Suche Umgebungsvariablen

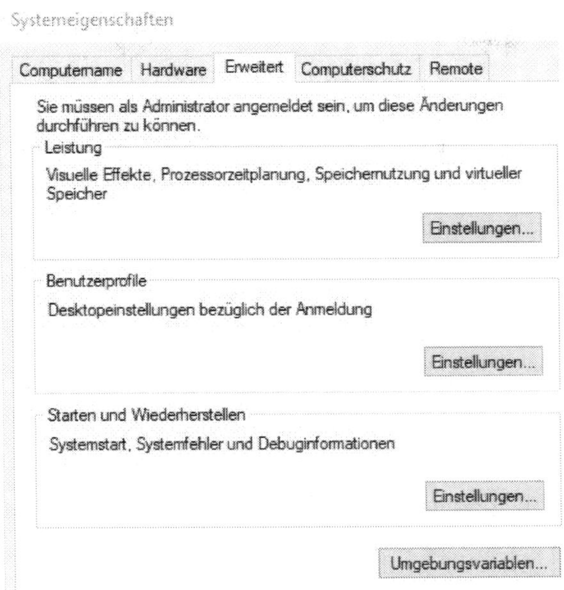

Abbildung 29 – Systemeigenschaften

Das Fenster ‚Systemeigenschaften' wird geöffnet.

Dort ist unter dem Reiter ‚Erweitert' der gesuchte Knopf ‚Umgebungsvariablen'.

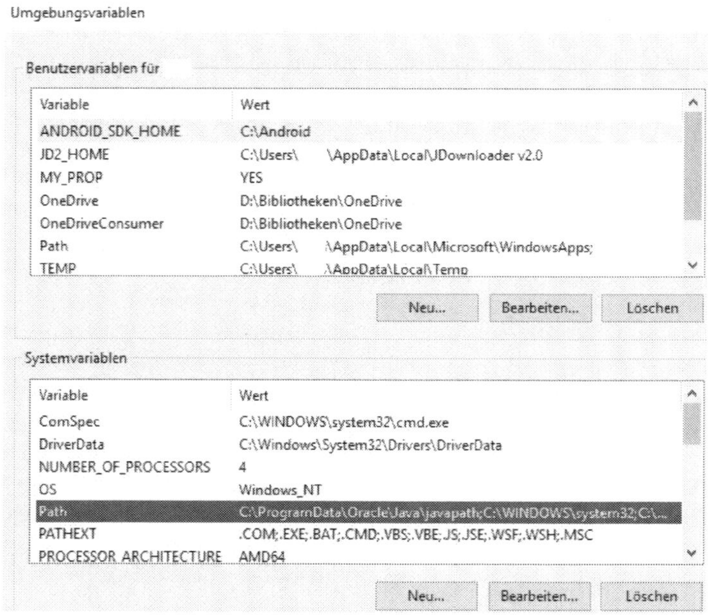

Abbildung 30 – Umgebungsvariablen

Abbildung 30 (S.42): Suchen und selektieren Sie dort im unteren Bereich die Systemvariable ‚Path‘ und wählen Sie ‚Bearbeiten…‘.

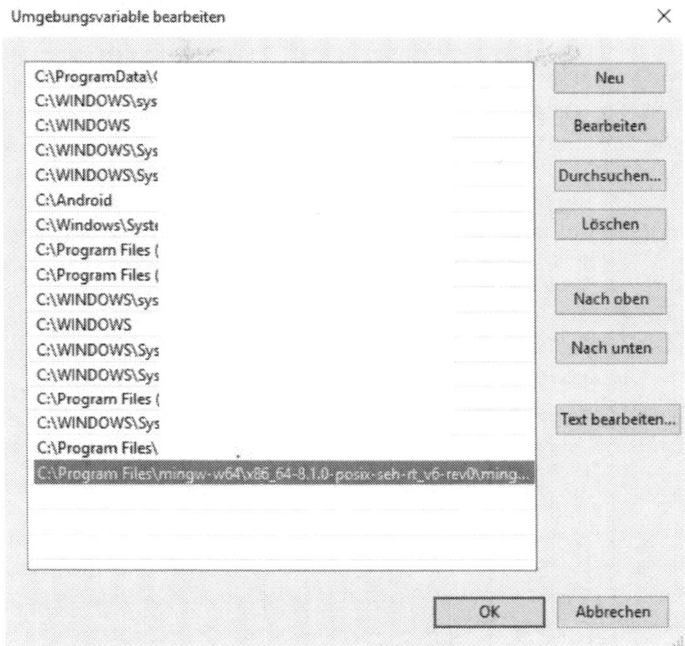

Abbildung 31 – Umgebungsvariable bearbeiten

Durch die Auswahl ‚Neu' muss der Pfad eingegeben werden, in welchem sich die g++.exe - Datei befindet. Zur Erinnerung: In der Regel ist sie im ‚bin'-Verzeichnis des Installationspfads.

Alle Fenster werden nun mit der Bestätigung ‚OK' geschlossen. Nun sind Sie in der Lage das Programm Hello.cpp ohne Umwege zu kompilieren und auszuführen. Die dazu benötigte Konsole ist unter dem Namen ‚Eingabeaufforderung' zu finden.

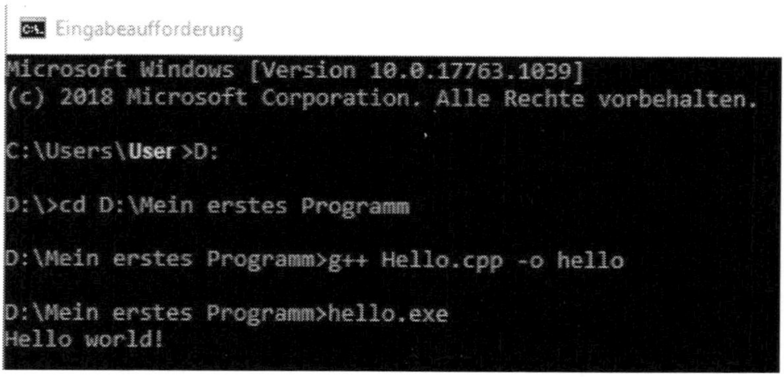

Abbildung 32 – Konsole: Kompilieren und ausführen

Standardmäßig wird zunächst das Benutzerverzeichnis geöffnet. Hinter dem Trennzeichen ‚>' ist nun eine Eingabe per Tastatur möglich. Vergleichen Sie folgende Schritte mit Abbildung 32.

Schritt 0 Falls notwendig, wechseln Sie zur Partition auf der Hello.cpp liegt. Dafür muss der entsprechende Buchstabe mit einem Doppelpunkt (z.B. ‚D:') eingegeben werden. Eingaben werden mit der Enter - Taste bestätigt.

Schritt 1 Mit dem Befehl ‚cd' (‚change directory') kann ein anderes Verzeichnis aufgerufen werden. Nennen Sie dahinter das genaue Verzeichnis, indem die Hello.cpp - Datei liegt.

Schritt 2 Durch das Nennen des Kompilierers ‚g++' wird dieser ausgeführt. Damit das auch im jetzigen Verzeichnis funktioniert, ist er zur Systemvariable

‚Path' hinzugefügt worden. Damit *g++* weiß was kompiliert werden soll, muss darauffolgend ‚Hello.cpp' eingegeben werden. Um der neuen Datei einen Namen zu geben ist die Formulierung ‚-o [Name]' zuständig. Durch diesen Schritt wird die .exe - Datei erzeugt (siehe Abbildung 33).

Schritt 3 Schlussendlich kann ‚hello.exe' ausgeführt werden. Dazu wird der volle Name eingegeben und mit ‚Enter' bestätigt. Siehe da! Auch mit dieser Vorgehensweise wird der Text ‚Hello World!' in der Konsole ausgegeben.

Abbildung 33 – Beispielverzeichnis

Ein Zwischenfazit lautet daher: Das Nutzen einer Entwicklungsumgebung geschieht fortan im stillen Einverständnis. Besonders dann, wenn Projekte komplexer werden und in mehrere Dateien aufgetrennt werden. Dennoch ist es wertvoll zu erfahren, was schrittweise geschieht.

3.4 Die Syntax

Hello World ist ebenso ein gutes Beispiel um die ersten Syntaxelemente zu erklären. Gute Programme werden nach dem Prinzip

‚So wenig wie möglich, so viel wie nötig'

formuliert. Außerdem muss an dieser Stelle eine Frage aus dem Weg geräumt werden. „Warum ist zwischen *diesem* und *jenem* das Zeichen ‚*Such dir eines aus*'? Und warum gleich zweimal?" – Die Syntax muss so sein, denn viele Menschen haben daran gearbeitet die Sprache zu standardisieren. So will es der Kompilierer und so funktioniert das Programm, für alle. Das heißt, manche Dinge sind nicht allein durch Logik lernbar, manches wird ganz automatisch beim Üben antrainiert. Die Syntax lässt außerdem sehr oft mehrere Wege der Formulierung zu, ähnlich wie bei unterschiedlichen Ausdrucksweisen in der menschlichen Sprache.

Im Folgenden werden also die einzelnen Zeilen des ‚Hello World' - Syntax beschrieben, welcher erstmals auf Abbildung 19, S.33 gesichtet worden ist.

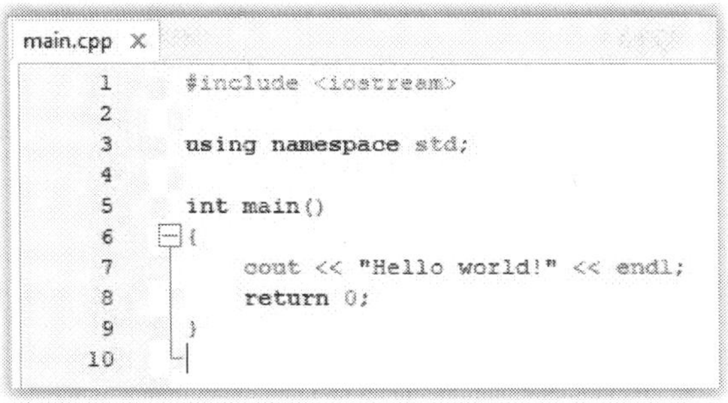

Abbildung 34 - ‚Hello World' - Syntax

#include <iostream>

Um nicht jeden Programmcode mit einer Fülle an Informationen zu überladen, wird der *#include* - Befehl am Anfang des Programms benötigt um die Verwendung von *<iostream>* überhaupt erst zu ermöglichen. Diese *Header* - Datei steht in Größer- / Kleinerzeichen oder Anführungszeichen (“ “) und ist ein Sammelbegriff beziehungsweise eine Bibliothek für verschiedene zum Informationsaustausch benötigte Objekte und Methoden. Solche die dem Programm gegeben werden oder die es ausgibt. Das Rautezeichen / Doppelkreuz # gibt dem so genannten Präprozessor den Hinweis, dass er tätig werden muss. Der include <iostream> - Befehl kopiert nun den Inhalt dieser Header – Datei und fügt ihn am Anfang des Programms ein. Von diesen so genannten Headern gibt es standardmäßig bereits viele und auch der Programmierende kann eigene definieren. Mehr dazu folgt in dem Kapitel 4.8 Fortgeschrittene

Projektstruktur‘.

using namespace std;

Der volle Umfang, was es mit den *namespaces* auf sich hat, soll ebenfalls erst später im Detail erläutert werden. Für den Moment sei gesagt, dass durch Zeile 3 der Standard *(‚std‘) - namespace* importiert wird.

Dadurch kann bei einfachen Codes die Schreibweise von manchen Objekten verkürzt werden. D.h. ohne das Importieren von dem n*amespace std* müsste in Zeile 7 obligatorisch ‚std::cout‘ geschrieben werden.

Tatsächlich ist es schlechter Programmierstil, wenn der ganze Standard - Namespace für überschaubar wenige Operationen importiert wird. Bis Einschließlich Kapitel 4 wird das in den Beispielen trotzdem so gehandhabt, denn es soll zu Beginn keine Informationsüberladung stattfinden. Nachdem der Code prinzipiell verstanden ist, wird es nach wie vor möglich sein, den Stil zu verbessern.

Das Ende einer Befehlszeile wird jeweils mit einem Semikolon (‚ ; ‘) ausgedrückt. Innerhalb einer Befehlszeile sind manche Leerzeichen bedeutungslos, sie können allerdings zur Lesbarkeit dienen.

int main() {...}

main() ist die Hauptfunktion und der Anfang eines Programms, egal an welcher Stelle dieser Ausdruck steht. Wie bei allen Funktionen gibt es in den dahinterliegenden, runden Klammern Platz für eventuell benötigte Parameter. Im Fall von *main()* und diversen weiteren werden keine benötigt, daher stehen die Klammern leer.
Der Typ des Rückgabewerts der Funktion muss jedoch definiert werden. Das geschieht durch das Präfix *int*, wodurch hier ein ‚Integer' - Wert definiert wird, was im Deutschen ‚Ganze Zahl' heißt. Die Erklärung warum die Hauptfunktion mit einem Rückgabewert versehen wird, folgt im übernächsten Punkt ‚return 0;'. Was die Funktion letztendlich für eine Aufgabe hat, steht in den geschweiften Klammern. Dort heißt es: ‚Feel free.'

cout << "Hello world!" << endl;

Gesprochen wird es ‚c out' und ermöglicht dem Programm die Ausgabe eines bestimmten Inhalts. Da auch die Werte von Variablen ausgegeben werden können, muss Text in Anführungszeichen (" ") stehen, der Differenzierung zugute. Die Ausgabe der Inhalte wird mit dem Operator ‚<<' eingeleitet. Dabei handelt es sich um eine Kurzschreibweise. Im Grunde handelt es sich ebenfalls um eine Funktion. Alternativ kann *.print ( )* in Kombination mit *cout* verwendet werden.

Das Ende einer Ausgabezeile kann mit *endline* (‚endl‘) festgelegt werden.

return 0;

Es war die Rede von einem Rückgabewert vom Typ *int*. Durch die gewollte Rückgabe des Werts Null kann festgestellt werden, ob das Programm ordnungsgemäß durchgelaufen ist. Ist der Rückgabewert nicht gleich Null, kam es zwischendurch zu einem unvorhergesehenen Ende des Codes. Es handelt sich also um eine standardmäßige Kontrollmethode, die sich so eingebürgert hat. Sie ist sogar so verankert, dass der Ausdruck komplett weggelassen werden kann. Das Ende der main() - Funktion versucht ohnehin eine Null zurückzugeben.

Hinweis:

Der Programmablauf geschieht Zeile für Zeile. Wird nichts anderes eingeleitet, so geschieht dieser also von oben nach unten. Sollten Sie bestimmte Abläufe nicht mehr überblicken können, dann nutzen Sie am besten den Debugger. Mehr dazu ist auf Seite 207 zu finden.

3.5 Codefehler – Build messages

Mit der richtig formulierten Syntax wird das Programm vom Compiler ordnungsgemäß übersetzt. Andernfalls setzt der Debugger rote Flaggen an Fehlerstellen.

Abbildung 35 – Beispiel Codefehler

Die zeitgleich ausgegebene Nachricht soll dabei helfen den Fehler zu erkennen. Es wird allerdings stets notwendig sein, dass der Programmierende mögliche Lösungsansätze selbst erkennt, denn die *build message* schlägt nicht immer eine einwandfreie Behebung des Fehlers vor.

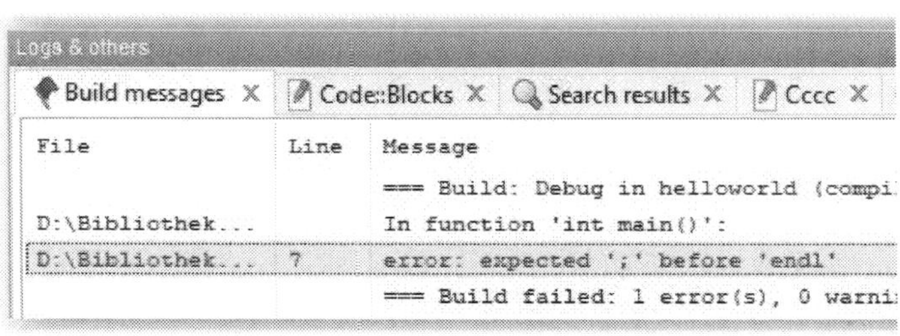

Abbildung 36 – Build messages

In dem Beispiel aus Abbildung 35 wird vorgeschlagen, dass ein Semikolon vor ‚endl' erwartet wird. Damit wäre nämlich der cout - Befehl abgeschlossen.

Beim nächsten Debug - Versuch würde dann allerdings ein neuer Fehler ausgegeben werden, da die Verwendung von ‚endl ;' überflüssig geworden ist.

Die direkte Lösung ist also entweder das Entfernen von *endl* oder das Einfügen des Trennoperators << zwischen *Hello world!* und *endl.*

Ein weiterer Hinweis:

Jedes Mal beim *Build* oder *Debug* werden die Änderungen in der Datei automatisch gespeichert. Eine Möglichkeit um Zwischenstände des Projekts zu sichern, ist zum Beispiel die eigenhändige Erstellung eines Archivs in der Ordnerstruktur des Betriebssystems. Kopien der Programmdaten können dort in Verzeichnisse abgelegt werden, die zum Beispiel mit einem Datum und einer Versionsnummer versehen sind.

4 Elementare Strukturelemente

Nachdem das erste Programm eines jeden ausgeführt worden und ansatzweise verstanden ist, kann nun die Vielzahl an Möglichkeiten der Programmierung dargelegt werden. Dieses Kapitel vertieft also das Verständnis der *Hello World* - Syntax und erweitert es um diverse Struktur- und Logikelemente.

Das erste Unterkapitel geht auf Verzweigungen mit einigen Beispielen ein. Dabei werden gezwungenermaßen weitere Syntax - Nomenklaturen vorgestellt, die ebenfalls erst später in diesem Kapitel in größerem Umfang erläutert werden. Die Wiederholung schadet nicht und so können die ersten Eindrücke gleich mit einem Zweck verknüpft werden.

Danach kommt mehr und mehr Licht ins Dunkel. Sie werden sehen, die Ausdrucksweise in der Programmiersprache ist zum Teil sehr intuitiv und an die menschliche Sprache angelehnt. Ein guter Schreibstil erfordert dann, dass das Gesagte auf ein Minimum ausgedünnt wird. Das ist die wesentliche Herausforderung, wenn Sie sich das Programmieren erstmals aneignen. Besonders bei der maschinennahen Sprache C++ ist das sehr wichtig um den maximalen Vorteil zu nutzen. Ein schlecht formulierter Code hat in dieser Programmiersprache nämlich größere Nachteile als z.B. in C# oder Java.

4.1 Verzweigungen

Bei einer Spazierrunde durch den Wald ist meist die ungefähre Position des Wunschausgangspunkts bekannt, z.B. der Parkplatz an dem das Auto steht. Dabei sind mögliche Gedanken: „Bei der nächsten Abbiegung sollte ich am ehesten Richtung Osten. Wenn das nicht möglich ist, sollte ich zumindest geradeaus weitergehen können. Ansonsten muss ich dem Weg folgen wie er gebaut wurde. Oder vielleicht sogar: Querfeldein."

Beim Programmieren geschieht dies durch die Verzweigungen ‚if', ‚else if' oder ‚else'. Die Verwendung von ‚if' ist logischerweise an eine oder mehrere Bedingungen geknüpft. Es kann zudem nur eine ‚if' - Bedingung gestellt werden. Danach werden es immer ‚else if' - Bedingungen sein. ‚Else' stellt also einen Notausgang dar.

```
if (Bedingung 1)
    {
        // Befehle
    }
else if (Bedingung 2)
    {
        // Befehle
    }
else if (Bedingung xy)
    {
        // Befehle
    }
    //[...]
else
    {
        // Befehle
    }
```

Abbildung 37 – Verzweigungen

Allein die Information über die Existenz bestimmter Programmiermethoden wird Sie nicht weiterbringen. Regel-mäßige Beispiele und Übungen hingegen schon. Schreiben Sie dazu am besten den Code ab und überlegen Sie dabei schon was denn voraussichtlich passieren wird. Führen Sie ihn anschließend mit der Entwicklungsumgebung aus. Spätestens nachdem das Ergebnis betrachtet worden ist sollte das Beispiel nachvollziehbar sein.

Beispiel – Überprüfen einer ganzen Zahl

```
#include <iostream>

using namespace std;

int main()
{
    int x;

cout<<"Geben Sie eine Zahl ein. Buchstaben sind Nullen."<<endl;

cin >> x;

    if (x < 0)
    {
        cout << x << " ist eine negative Zahl."<< endl;
    }

    else if (x == 0)
    {
        cout << x << " ist Null."<< endl;
    }

    else if (x > 0)
    {
        cout << x << " ist positiv."<< endl;
    }

    return 0;
}
```

Abbildung 38 – Beispiel 1 - Überprüfen einer Zahl

Erklärung:

Es wird in diesem Beispiel erstmals eine Variable verwendet. Sie wird in Zeile 7 vorerst nur genannt und ‚x' sei vom Typ *int*. Dieser Vorgang wird ‚Deklarieren' genannt.

Mit der Textausgabe in Zeile 9 wird der Nutzer auf eine Eingabeaufforderung vorbereitet. Diese findet in Zeile 11 statt. Analog zu *c out* wird es ‚c in' gesprochen.

Im restlichen Programm werden nun drei Bedingungen abgeprüft um gegebenenfalls den zutreffenden Text auszugeben. Dies findet statt, in dem in den runden Klammern nach der if - Verzweigung ein mathematisches Gesetz formuliert wird. Dabei fällt auf, dass das Abprüfen einer Variablen auf Gleichheit mit zwei Gleichzeichen stattfindet. Mit einem einzigen würde ihr Wert verändert werden, das ist in diesem Fall unzulässig.

Eine else - Verzweigung ist nicht notwendig, schließlich ist eine ganze Zahl entweder größer oder kleiner oder gleich Null.

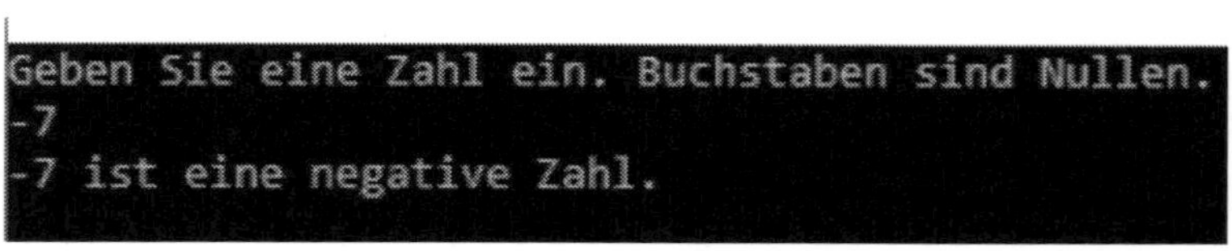

Abbildung 39 – Beispiel 1 - Konsole

Beispiel – Passworteingabe

```
1  #include <iostream>
2  #include "String"
3
4  using namespace std;
5
6  int main()
7  {
8      string passwort;
9
10     cout << "Login - Passwort: ";
11
12     cin >> passwort;
13
14     if (passwort == "1234")
15     {
16         cout << "Hello Mr. Simpson."<< endl;
17     }
18     else if (passwort == "Turd")
19     {
20         cout <<"What's up, Slim?"<< endl;
21     }
22     else
23     {
24         cout <<"Du kommst hier net rein."<< endl;
25     }
26
27     return 0;
28 }
```

Abbildung 40 – Beispiel 2 - Passworteingabe

Erklärung:

Der Header der für die Verwendung von Textvariablen benötigt wird heißt ‚#include “String“‘. Das bedeutet, es kann auch ein Text mit einer bestimmten Variablen verknüpft werden. In Zeile 8 wird also ein *string* namens ‚passwort‘ deklariert.

Die Eingabeaufforderung findet im Anschluss statt. Die Verzweigungen stellen das Resultat von verschiedenen Eingaben sicher. Zum Beispiel:

Abbildung 41 – Beispiel 2 - Konsole

Übung – Mögliche Nenner einer Zahl

Aufgabenstellung

Schreiben Sie ein Programm, das nach der Eingabe einer beliebigen ganzen Zahl die möglichen Teiler von dieser ausgibt. Ist die Zahl durch 2 teilbar, so soll geprüft werden ob es weitere Teiler gibt. Diese wären also 3, 5 oder 7, denn alles andere sind Vielfache der genannten Zahlen. Ist die Zahl nicht durch 2 teilbar, soll zumindest der kleinste mögliche Teiler ausgegeben werden.

Gegeben:

Der Restwert einer Zahl kann durch den Operator % (= ‚modulo') erzeugt werden. Also z.B. 8%3 ergibt 2.

Boolesche Argumente können mit && (= ‚Und') oder || (= ‚Oder') verknüpft werden.

Lösung 1

```
1  #include <iostream>
2  using namespace std;
3  int main()
4  {
5      int x=0;
6      cin >> x;
7      cout << x << " ist teilbar durch: ";
8      if ((x%2 == 0) && (x%3 == 0) && (x%5 == 0) && (x%7 == 0))
9      {
10         cout << "Sieben, Fuenf, Drei oder Zwei." << endl;
11     }
12     else if ((x%2 == 0) && (x%3 == 0) && (x%5 == 0))
13     {
14         cout << "Fuenf, Drei oder Zwei." << endl;
15     }
16     else if ((x%2 == 0) && (x%3 == 0))
17     {
18         cout << "Drei oder Zwei." << endl;
19     }
20     else if (x%2 == 0)
21     {
22         cout << "Zwei." << endl;
23     }
24     else if (x%3 == 0)
25     {
26         cout << "Drei." << endl;
27     }
28     else if (x%5 == 0)
29     {
30         cout << "Fuenf." << endl;
31     }
32     else if (x%7 == 0)
33     {
34         cout << "Sieben." << endl;
35     }
36     else
37     {
38         cout<<"Eins oder sich selbst. Das ist eine Primzahl.";
39     }
40     return 0;
41 }
```

Abbildung 42 – Übung 1 Lösung 1

Erklärung:

Wie in den vorherigen Beispielen soll eine Eingabe des Nutzers stattfinden, welcher in Zeile 6 die Variable x mit einem Wert befüllt. Diese wird beim Deklarieren in der vorherigen Zeile zunächst auf null gesetzt. Da die Nutzereingabe jedoch später stattfindet, wird der ursprüngliche Wert hinfällig. Dass mit Variablen in dieser Art und Weise gearbeitet werden kann, ist sehr wichtig.

Als nächstes werden verschiedene Ereignisse abgeprüft. Das Zeichen ‚ % ‘ bedeutet ‚modulo‘ und gibt den Restwert aus. Ist dieser gleich Null, so ist der Nenner der Rechnung ein möglicher Teiler des Zählers. Zum Beispiel: 8 % 2 = 0.

Erstmals in diesem Beispiel wird bei den if - Verzweigungen zusätzlich ein *logisches Und* (‚ && ‘) verwendet. So kann jeder erdenkbare Fall abgeprüft werden und mit der entsprechenden cout - Zeile versehen werden. Die möglichen Teiler einer Zahl sind 2, 3, 5 oder 7 (siehe Zeile 20 - 35), denn alles weitere sind Vielfache davon. Es kann auch vorkommen, dass eine Zahl mehrere mögliche Teiler hat. Beispielsweise werden dafür einige Fälle in Zeile 8, 12 und 16 formuliert.

Ist keiner von den erdenkbaren Fällen zutreffend, handelt es sich folglich um eine Primzahl (siehe Zeile 36, 38).

<u>Darüber hinaus:</u> Es kann nicht nur ein ‚gleich‘ (==) geprüft werden, sondern auch ein ‚nicht gleich‘. Der Ausdruck dafür lautet ‚ != ‘.

Lösung 2 – If - Argumente verschachtelt

```
#include <iostream>
using namespace std;
int main()
{
    int x=0;
    cin >> x;
    cout << x <<" ist ";
    if (x%2 == 0)
    {
        if (x%3 == 0)
        {
            if (x%5 == 0)
            {
                if (x%7 == 0)
                {
                    cout <<"durch 7, 5, 3 oder 2 ";
                }
                else
                {
                    cout <<"durch 5, 3 oder 2 ";
                }
            }
            else
            {
                cout <<"durch 3 oder 2 ";
            }
        }
        else
        {
            cout <<"durch 2 ";
        }
    }
    else
    {
```

[...]

Abbildung 43 – Übung 1 Lösung 2

```
    }
    else
    {
        if (x%3 == 0)
        {
            cout << "durch 3 ";
        }
        else if (x%5 == 0)
        {
            cout << "durch 5 ";
        }
        else if (x%7 == 0)
        {
            cout << "durch 7 ";
        }
        else
        {
            cout << "eine Primzahl, diese ist nicht";
        }
    }
    cout <<"teilbar."<<endl;
    return 0;
}
```

Abbildung 44 – Übung 1 Lösung 2

Erklärung:

Der Zweck entspricht genau dem aus Lösung 1 mit dem Unterschied, dass eine Reihe von *if - else - Verzweigungen* ineinander verschachtelt sind. So gelangt das Programm bei einer erfolgreichen Prüfung immer eine Ebene tiefer. Das hat den Charme, dass im Gegensatz zu Beispiel 3 deutlich weniger Vergleiche stattfinden müssen und auch die Lesbarkeit ist einfacher. Es ist also die bessere Code - Alternative.

4.2 Kommentare

Den geschriebenen Code zu kommentieren kann Ihnen und anderen, die den Code lesen, eine große Hilfe sein.

Dazu gibt es die Zeichenkombinationen /* , */ und //. Sie werden folgendermaßen richtig verwendet:

```
tream>

ce std;



Hello world!" << endl; // So kann kommentiert werden.
```

Abbildung 45 – Kommentare – Beispiel 1

```
#include <iostream>

using namespace std;

int main()
{
    /* So können Sie einen Kommentar
    über mehrere Zeilen
    strecken */
        cout << "Hello world!" << endl;
    /* Auch vor dem eigentlichen
    Code kann ein Kommentar stehen */return 0;
}
```

Abbildung 46 – Kommentare – Beispiel 2

4.3 Operatoren

Operatoren sind bisher zumindest aus dem Mathematik - Unterricht bekannt. Diese stehen zwischen zwei Elementen und erfüllen damit eine Aufgabe, bzw Funktion. In der Programmiersprache wird das Thema *Operatoren* etwas erweitert und mit einer Nomenklatur versehen. Dieses Kapitel soll eine übersichtliche Auflistung gewährleisten.

Rechnungsoperatoren

Es seien die Zahlen *x = 5* und *y = 3* gegeben. Rechnungen bilden Anhand der gegebenen Zahlen einen neuen logischen Wert.

Operator	Aufgabe	Beispiel
+	Addition	x + y = 8
-	Subtraktion	x – y = 2
*	Multiplikation	x * y = 15
/	Division	y / x = 0,6
++	Erhöhung um Eins	y++ = 4
--	Reduktion um Eins	x-- = 4
+=	Erhöhung Eigenwert	x += y → x(neu) = x(alt) + y

Operator	Aufgabe	Beispiel
		→ x(neu) = 8
-=	Reduktion Eigenwert	x -= y → x(neu) = x(alt) - y → x(neu) = 2
%	Restwert (Modulo)	x % y = 2

Vergleichsoperatoren

Es seien die Zahlen *x = 5* und *y = 3* gegeben. Die Verwendung eines Vergleichsoperators liefert die Information ‚wahr' (‚true') oder ‚falsch' (‚false').

Operator	Aufgabe	Beispiel
<	kleiner als	(x < y) → falsch
>	größer als	(x > y) → wahr
<=	kleiner oder gleich	(x <= y) → falsch
>=	größer oder gleich	(x >= y) → wahr
==	gleich	(x == y) → falsch
!=	nicht gleich	(x != y) → wahr

Boolesche Operatoren

Es seine die Argumente *A = true* und *B = false*.

Operator	Aufgabe	Beispiel
&&	UND	A && B → false
||	ODER	A || B → true
!	NICHT	!B → true

Angelehnt an die Elektrotechnik können dazu auch Schaltpläne erstellt werden, woraus sich die mathematische Schreibweise für UND bzw. ODER ergibt. Diese wird durch eine Multiplikation bzw. Addition widergespiegelt.

Logisches ‚UND':

A	B	E = A * B
0	0	0
0	1	0
1	0	0
1	1	1

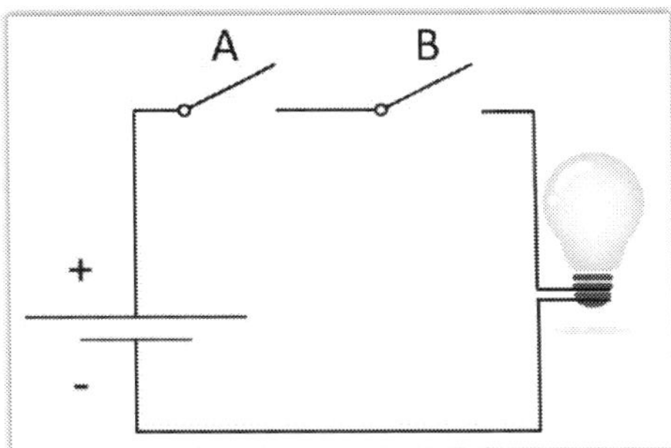

Abbildung 47 – Logisches UND

Logisches ‚ODER‘:

A	B	E = A + B
0	0	0
0	1	1
1	0	1
1	1	1

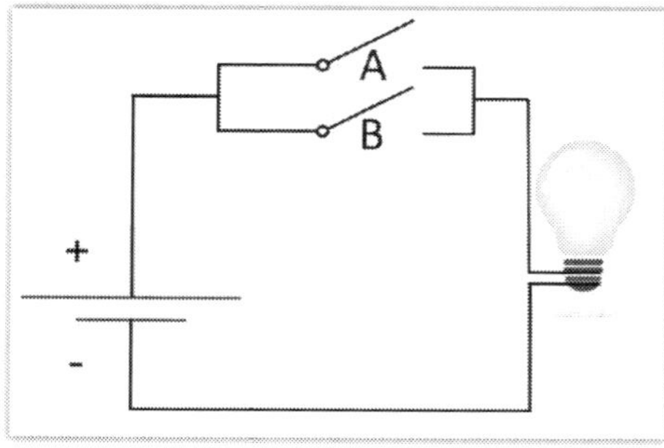

Abbildung 48 – Logisches ODER

Logisches ‚NOT‘:

E = Ā	
A = 0	1
A = 1	0

Rechengesetze mit Booleschen Variablen:

Die Rechengesetze, die daraus formuliert werden können, sind für die Programmierung von großer Bedeutung. So können logische Verhältnisse überprüft und Gleichungen gegebenen-falls auch vereinfacht werden.

(1) $A + A = A$	|	$A * A = A$
(2) $A + B = B + A$	|	$A * B = B * A$
(3) $A * 1 = 1 * A = A$	|	$A + 0 = 0 + A = A$
(4) $A * (B + C) = A*B + A*C$	|	$(B + C) * A = B*A + C*A$
(5) $(A + B) + C = A + (B + C)$	|	$(A * B) * C = A * (B * C)$
(6) $A * 0 = 0 * A = 0$	|	$A + 1 = A + 1 = 1$
(7) $\overline{A + B} = \overline{A} * \overline{B}$	|	$\overline{A * B} = \overline{A} + \overline{B}$
(8) $\overline{A} * A = 0$	|	$\overline{A} + A = 1$

4.4 Datentypen

Zum Teil ist die Unterscheidung von bestimmten Datentypen dringend notwendig, die erforderliche Arbeitsspeicher-verwendung kann dadurch aber auch optimiert werden. Warum das so ist wird erst nachvollziehbar werden können, wenn klar ist was ein ‚Byte' umfasst.

Grundsätzlich ist dieser Begriff wahrscheinlich schon vertrautes Vokabular. So wie es Allgemeinwissen ist, was 1 Liter beinhaltet, ist ein Gefühl für die Speichermenge des Computers vorhanden. Immer wenn die Frage im Raum steht, wie viel Speicherplatz benötigt wird, sei es beispielsweise die Festplatte oder der Arbeitsspeicher, so fallen die Begriffe *Megabyte, Gigabyte oder Terabyte.* Die Kernessenz zum Thema Datentyp ist nämlich, dass für Rechenwerte ein ganz bestimmter Speicherbedarf definiert werden muss.

Aus der Historie der Speicherentwicklung ist hervorgegangen, dass die Größe für ein einzelnes Speicherelement, welches *1 Byte* darstellt, aus 8 *Bit* geformt wird.

Das Binärsystem

An dieser Stelle rückt die Binärsprache des Computers in den Mittelpunkt. Als Bit wird nämlich die Unterscheidungsmöglichkeit der Zustände ‚0' und ‚1' genannt und ist damit der kleinstmögliche Wert. Durch eine Aneinanderreihung mehrerer Bits kann die Darstellung möglicher Zustände exponentiell gesteigert werden.

Im Folgenden sollen deshalb die Gesetzmäßigkeit der binären bzw. 2er - Zählweise und die Grenzen von 8 Bits aufgezeigt werden. Ein Kind lernt bereits wie mit dem Dezimal - bzw. 10er - System gezählt wird. Auch die Zeitscheibe einer Uhr ist eine Art des Zählens. Bei Binärzahlen funktioniert es folgendermaßen:

Dezimal	**Binär**
0	0000 0000
1	0000 0001
2	0000 0010
3	0000 0011
4	0000 0100
5	0000 0101
6	0000 0110
7	0000 0111

Dezi-mal	**Binär**
8	0000 1000
9	0000 1001
10	0000 1010
11	0000 1011
12	0000 1100
...	...
254	1111 1110
255	1111 1111

Bei größeren Zahlen wird die Umrechnung auf den ersten Blick unnachvollziehbar. Mit der zugrunde gelegten Umrechnungs-logik kann Abhilfe geschaffen werden. Zuerst soll das Dezimalsystem mit einem Beispiel Bekanntes erklären:

$525 = 5*10^2 + 2*10^1 + 5*10^0 = 5*100 + 2*10 + 5*1 = 500 + 20 + 5$

Es ist die Einerstelle logisch gesehen die nullte Stelle, da das Zählsystem noch nicht als Faktor eingeht. Denn $10^0 = 1$ und damit hinfällig. Erst bei der Zehnerstelle ($10^1 = 10$) wird der Faktor für die Summe relevant.

Allgemeingesagt ist also eine beliebige Stelle einer Zahl als Potenz des zugrunde gelegten Zählsystems darstellbar. Beim Umstellen auf Binär wird also lediglich die 10 zu einer 2 geändert. Außerdem, da die möglichen weiteren Faktoren nur 0 oder 1 sind, steht also jede Stelle für das Eingehen oder Nichteingehen der entsprechenden Zweierpotenz in die Summe. Beispiel:

$101 \triangleq 1*2^2 + 0*2^1 + 1*2^0 = 2^2 + 2^0 = 4 + 1 = 5$

Die folgenden zwei Schaubilder sollen beim Einprägen helfen.

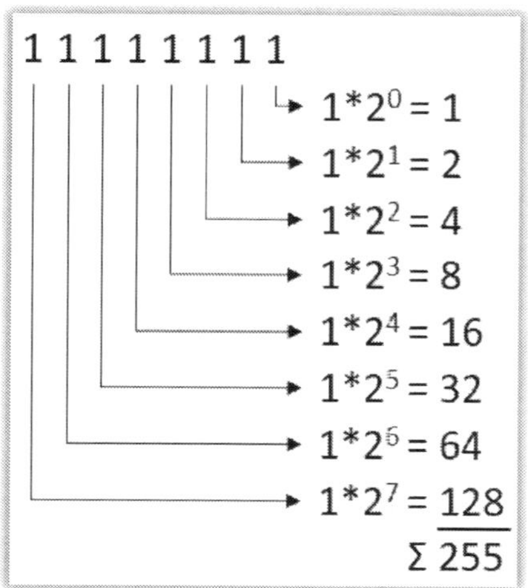

Abbildung 49 – Binär zu Dezimal

Beim Darstellen der Binärzahl anhand der Dezimalzahl muss rückwärts gedacht werden. Es wird die Frage gestellt, ob die Subtraktion der jeweiligen Zweierpotenz restlos möglich ist. Wenn nein, steht an dieser Stelle eine Null. Am Ende wird der Restwert 0 stehen.

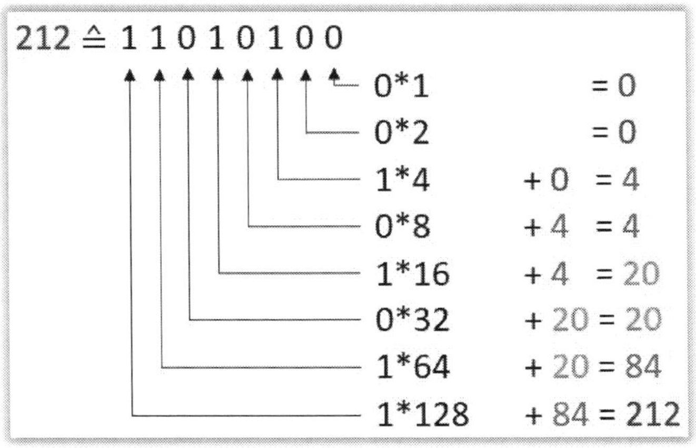

Abbildung 50 – Dezimal zu Binär

Verschiedene Typen

Von den Eigenschaften von Zahlensystemen abgesehen ist nun also bekannt, dass 1 Byte aus 8 Bit besteht und 256 verschiedene Werte darstellen kann, beispielsweise die Zahlen von 0 bis 255. In der Programmiersprache haben verschiedene Datentypen auf Grund einer bestimmten Speichergrößenzuweisung unterschiedlich große Spannweiten und erhalten durch eine Kategorisierung einen bestimmten Wertebereich. Als Erläuterung dient folgende Tabelle mit den Grundformen der Datentypen:

Datentyp	Stichwort	Speicher	Wertebereich
Leere Menge	**void**	-	-
Boolesche Werte	**bool**	1 Byte	True (= 1), false (= 0)
Ganze Zahl	**int**	4 Byte (32 Bit)	-2 147 483 648 ⇔ 2 147 483 647
Kommazahl mit 6 gültigen Stellen	**float**	4 Byte (32 Bit)	$-3,4 * 10^{38}$ ⇔ $3,4 * 10^{38}$ [6]
Kommazahl mit 15 gültigen Stellen	**double**	8 Byte (64 Bit)	-1,7E+308 ⇔ 1,7E+308 [6]
Zeichen	**char**	1 Byte	-128 ⇔ 127 & ASCII

Um diese Tabelle nicht kommentarlos wieder zu verlassen, sollen auch hier Beispiele helfen die verschiedenen Zahlenarten genauer zu verstehen. Interessant ist, was passiert, wenn der festgelegte Definitionsbereich verlassen wird.

Der Datentyp int:

Beim Typ *int* ist die größtmögliche Zahl 2 147 483 647. Es wird also im Folgenden einen int - Wert festgelegt, der größer ist als das und anschließend in der Konsole ausgegeben.

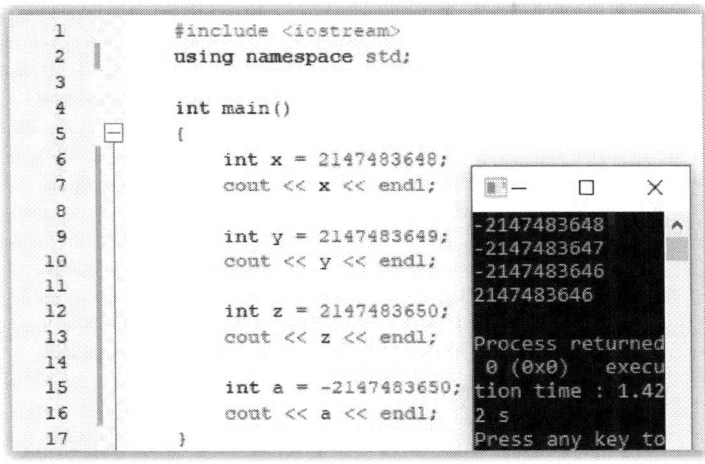

Abbildung 51 – Fehlverwendung int

In Abbildung 51 wird deutlich, dass der Wertebereich von - 2 147 483 648 bis 2 147 483 647 als Zahlenband definiert ist, dessen Enden bildlich gesprochen miteinander verbunden sind. Mit der Zahl x wird der gültige Bereich um 1 überschritten. Das hat zur Folge, dass die Ausgabe am anderen Ende des Spektrums landet (siehe erste Konsolenzeile, Abbildung 51). Die Zahlen *y*, *z* und *a* bestätigen diese These. Es ist also der gleiche Sachverhalt wie etwa die Drehung um einen Winkel. Eine ganze Rotation umfasst 360°. Deshalb liefert z.B. 540° das gleiche Ergebnis wie 180°.

Der Datentyp float:

Die Kommazahlendarstellung, die durch diesen Typ mit 4 Byte dargestellt werden kann, ist definiert mit bis zu 6 gültigen Stellen. D.h. obwohl die mögliche Zahlengröße mit bis zu 3,4 * 10^{34} sehr weit geht, ist die Genauigkeit sehr begrenzt. Die letzte der sechs Stellen wird dabei übrigens gerundet. Hier ist die flache Exponentialdarstellung des Dezimalsystems mit der e – Schreibweise unerlässlich.

Für eine kleine Gedächtnisauffrischung gibt es zwei Beispiele:

4,2e5 = 4,2 *10^5 = 420 000 | 3,7e-4 = 0,00037

Als Gedächtnisstütze: Die Zahl hinter dem *e* steht dafür, um wie viele Stellen das Komma verschoben werden muss. Ist sie positiv, wird das Komma nach rechts verschoben, ist sie negativ, nach links.

```
#include <iostream>
#include "float.h"
using namespace std;

int main()
{
    float z=123456789123456789;
    cout << z << endl;

    float y=0.1234567e10;
    cout << y << endl;

    float x=123456.7;
    cout << x << "\n";

}
```

```
1.23457e+17
1.23457e+09
123457
```

Abbildung 52 – float Beispiel

Beim Typ *double* wird nun der mögliche Bereich und die Anzahl der gültigen Stellen deutlich erhöht. Mit den 8 Bytes können nun Zahlen bis zu 1,7e308 mit 15 gültigen Stellen formuliert werden. Nur in wenigen Fällen reicht dieser Datentyp nicht mehr aus.

Außerdem:

Das Komma wird bei der Programmiersyntax bereits bei Auflistungen verwendet. Daher geschieht die Unterscheidung von Vorkomma- und Nachkommastelle durch einen Punkt.

Der Datentyp bool:

Boolean stellt den einfachsten Datentyp dar. Wie schon bekannt, ist die einzige Unterscheidung, die getroffen wird, 0 oder 1. Dennoch werden dabei 1 Byte bzw. 8 Bit reserviert. Das liegt wie daran, dass das die kleinstmögliche Speicherzuweisung ist.

Der Datentyp char:

Grundsätzlich erwartet der Compiler bei diesem Datentyp ein Zeichen und reserviert dafür 1Byte. Dafür ist die ASCII - Tabelle entwickelt worden, welche genau diese Größe aufweist und alle gängigen Zeichen umfasst. Jede Zahl wird also fest mit einem bestimmten Inhalt verknüpft. In den folgenden Abbildungen sind die erste und vierte / fünfte Spalte mit den Dezimal- und charzeichen relevant.

Dec	Hx	Oct	Char
0	0	000	NUL (null)
1	1	001	SOH (start of heading)
2	2	002	STX (start of text)
3	3	003	ETX (end of text)
4	4	004	EOT (end of transmission)
5	5	005	ENQ (enquiry)
6	6	006	ACK (acknowledge)
7	7	007	BEL (bell)
8	8	010	BS (backspace)
9	9	011	TAB (horizontal tab)
10	A	012	LF (NL line feed, new line)
11	B	013	VT (vertical tab)
12	C	014	FF (NP form feed, new page)
13	D	015	CR (carriage return)
14	E	016	SO (shift out)
15	F	017	SI (shift in)
16	10	020	DLE (data link escape)
17	11	021	DC1 (device control 1)
18	12	022	DC2 (device control 2)
19	13	023	DC3 (device control 3)
20	14	024	DC4 (device control 4)
21	15	025	NAK (negative acknowledge)
22	16	026	SYN (synchronous idle)
23	17	027	ETB (end of trans. block)
24	18	030	CAN (cancel)
25	19	031	EM (end of medium)
26	1A	032	SUB (substitute)
27	1B	033	ESC (escape)
28	1C	034	FS (file separator)
29	1D	035	GS (group separator)
30	1E	036	RS (record separator)
31	1F	037	US (unit separator)

Dec	Hx	Oct	Html	Chr
32	20	040		Space
33	21	041	!	!
34	22	042	"	"
35	23	043	#	#
36	24	044	$	$
37	25	045	%	%
38	26	046	&	&
39	27	047	'	'
40	28	050	(	(
41	29	051	)	)
42	2A	052	*	*
43	2B	053	+	+
44	2C	054	,	,
45	2D	055	-	-
46	2E	056	.	.
47	2F	057	/	/
48	30	060	0	0
49	31	061	1	1
50	32	062	2	2
51	33	063	3	3
52	34	064	4	4
53	35	065	5	5
54	36	066	6	6
55	37	067	7	7
56	38	070	8	8
57	39	071	9	9
58	3A	072	:	:
59	3B	073	;	;
60	3C	074	<	<
61	3D	075	=	=
62	3E	076	>	>
63	3F	077	?	?
64	40	100	@	@
65	41	101	A	A
66	42	102	B	B
67	43	103	C	C
68	44	104	D	D
69	45	105	E	E
70	46	106	F	F
71	47	107	G	G
72	48	110	H	H
73	49	111	I	I
74	4A	112	J	J
75	4B	113	K	K
76	4C	114	L	L
77	4D	115	M	M
78	4E	116	N	N
79	4F	117	O	O

Abbildung 53 – ASCII Tabelle 0 - 79 [7]

80	50	120	P	P	96	60	140	`	`	112	70	160	p	p
81	51	121	Q	Q	97	61	141	a	a	113	71	161	q	q
82	52	122	R	R	98	62	142	b	b	114	72	162	r	r
83	53	123	S	S	99	63	143	c	c	115	73	163	s	s
84	54	124	T	T	100	64	144	d	d	116	74	164	t	t
85	55	125	U	U	101	65	145	e	e	117	75	165	u	u
86	56	126	V	V	102	66	146	f	f	118	76	166	v	v
87	57	127	W	W	103	67	147	g	g	119	77	167	w	w
88	58	130	X	X	104	68	150	h	h	120	78	170	x	x
89	59	131	Y	Y	105	69	151	i	i	121	79	171	y	y
90	5A	132	Z	Z	106	6A	152	j	j	122	7A	172	z	z
91	5B	133	[	[	107	6B	153	k	k	123	7B	173	{	{
92	5C	134	\	\	108	6C	154	l	l	124	7C	174			|
93	5D	135	]	]	109	6D	155	m	m	125	7D	175	}	}
94	5E	136	^	^	110	6E	156	n	n	126	7E	176	~	~
95	5F	137	_	_	111	6F	157	o	o	127	7F	177	&#127;	DEL

Abbildung 54 – ASCII Tabelle 80 – 127 [7]

128	Ç	144	É	160	á	176	░	192	└	208	╨	224	α	240	≡
129	ü	145	æ	161	í	177	▒	193	┴	209	╤	225	ß	241	±
130	é	146	Æ	162	ó	178	▓	194	┬	210	╥	226	Γ	242	≥
131	â	147	ô	163	ú	179	│	195	├	211	╙	227	π	243	≤
132	ä	148	ö	164	ñ	180	┤	196	─	212	╘	228	Σ	244	⌠
133	à	149	ò	165	Ñ	181	╡	197	┼	213	╒	229	σ	245	⌡
134	å	150	û	166	ª	182	╢	198	╞	214	╓	230	µ	246	÷
135	ç	151	ù	167	º	183	╖	199	╟	215	╫	231	τ	247	≈
136	ê	152	ÿ	168	¿	184	╕	200	╚	216	╪	232	Φ	248	°
137	ë	153	Ö	169	⌐	185	╣	201	╔	217	┘	233	Θ	249	∙
138	è	154	Ü	170	¬	186	║	202	╩	218	┌	234	Ω	250	·
139	ï	155	¢	171	½	187	╗	203	╦	219	█	235	δ	251	√
140	î	156	£	172	¼	188	╝	204	╠	220	▄	236	∞	252	^{n}
141	ì	157	¥	173	¡	189	╜	205	═	221	▌	237	φ	253	^{2}
142	Ä	158	₧	174	«	190	╛	206	╬	222	▐	238	ε	254	■
143	Å	159	ƒ	175	»	191	┐	207	╧	223	▀	239	∩	255	

Abbildung 55 – ASCII Tabelle - Extended Codes 128 - 255 [7]

Modifikatoren / Modifiers

Modifikatoren (unsigned, short, long) erfüllen die Funktion, den bekannten Gültigkeitsbereich zu verschieben oder zu skalieren. Mit den Präfixen können also weitere Datentypen geformt werden.

Stichwort	**Speicher**	**Wertebereich**	
unsigned char	1 Byte	0 ⇔ 255	
unsigned int	4 Byte	0 ⇔ 4 294 967 295	
short (*int*)	2 Byte	-32 768 ⇔ 32767	[6]
unsigned short	2 Byte	0 ⇔ 65 535	[6]
long (*int*)	4 Byte	- 2 147 483 648 ⇔ 2 147 483 647	[6]
unsigned long	4 Byte	0 ⇔ 4 294 967 295	[6]
long long (*int)*	8 Byte	- 9 223 372 036 854 775 808 ⇔ 9 223 372 036 854 775 807	[6]
unsigned long long	8 Byte	0 ⇔18 446 744 073 709 551 615	[6]

Das Thema wird hier etwas konfus. In der Regel umfasst ein *int* 4 Bytes. Je nach Betriebssystem und Compiler kann der Wert aber auch 2 oder 8 Bytes umfassen.

Um zu überprüfen wie die eigene Situation ist, kann die Operation *sizeof()* werden.

```
#include <iostream>
using namespace std;


int main()
{
    cout << sizeof (bool) << " Byte" << endl;
    cout << sizeof (char) << " Byte" << endl;
    cout << sizeof (int) << " Byte" <<endl;
    cout << sizeof (float) << " Byte" << endl;
    cout << sizeof (double) << " Byte" <<endl;
    cout << sizeof (short) << " Byte" << endl;
    cout << sizeof (long) << " Byte" <<endl;
    cout << sizeof (long long) << " Byte" << endl;
}
```

```
1 Byte
1 Byte
4 Byte
4 Byte
8 Byte
2 Byte
4 Byte
8 Byte
```

Abbildung 56 – sizeof ( )

Durch die Modifikatoren *short* oder *long* wird die *int* - Schreibweise ganz ersetzt. Bei einem Wert vom Typ *short* handelt es sich um einen *int* mit 2 Byte und der Typ *long* hat grundsätzlich 4 Byte, wie die Grundform. Um eine ganze Zahl mit 8 Byte darzustellen wird die Nomenklatur *long long* verwendet.

Wird nichts anderes beim Deklarieren behauptet sind die Datentypen mit einem Vorzeichen versehen (= signed). Für diese Unterscheidung wird ein Bit benötigt. Wenn also das Vorzeichen nicht benötigt wird, kann die Variable ohne solches defniert werden (= unsigned), wodurch sich dann die Darstellungsgröße im positiven verdoppelt.

Das Fazit zu diesem Unterkapitel ist, dass durch zweckorientiertes Verwenden der Datentypen die notwendige Speichermenge optimiert werden kann.

Auch wenn es die Möglichkeit gibt mit einem *double* quasi alle benötigten Werte darzustellen, ist es guter Programmierstil bei Gelegenheit auf ein *char* zurückzugreifen. Bei großen Programmen wird so ein merklicher Unterschied entstehen, denn schließlich hat ein double - Wert gegenüber dem *char* den 8 - fachen Speicherplatzbedarf.

4.5 Variablen und Konstanten

Mit dem Wissen über Operatoren und Datentypen können nun Variablen deklariert, definiert und verwendet werden. Ob Deklaration und Definition in einem Schritt durchgeführt werden können oder inhaltlich getrennt sind, hängt vom Schreibstil und der Situation ab.

Deklaration (Variablen)

Ersteres wird durch das Nennen des zugehörigen Datentyps gemacht. Der Name der Variable ist frei aus Buchstaben und Zahlen zusammensetzbar, sofern sie mit einem Buchstaben beginnt. Auch Unterstrichen o.ä. sind möglich.

```
[Datentyp] [Name der Variablen] ;

int x123;

double BeispielVariable;

char WertA;
```

Definition (Variablen)

Ein Gleichzeichen gibt der Variablen den definierten Wert. Durch den deklarierten Namen wird die Variable identifiziert.

```
[Name der Variablen] = [Wert der Variablen]
```

```
x123 = 2500;
```

```
BeispielVariable = 3.33;
```

```
WertA = 12;
```

Deklaration & Definition (Variablen)

Es besteht auch die Möglichkeit die deklarierten Variablen im selben Schritt zu definieren. Dazu müssen die beiden Schritte einfach aneinandergereiht werden:

```
[Datentyp] [Name] = [Wert der Variablen];
```

```
int x123 =2500;
```

Verwendung (Variablen)

Die Verwendung der Variablen macht erst Sinn, wenn sie bereits definiert wurde. Dann sind die einzigen Grenzen die des Datentyps.

```
cout << x123;

BeispielVariable = Beispielvariable * WertA

if (WertA % 4 == 0) {   ...     };
```

Deklaration (Konstanten)

Für den Fall, dass Werte sich im Ablauf des Programms nicht ändern sollen, kann der Präfix *const* verwendet werden. Dabei ist es z.B. eine gute Angewohnheit die Konstanten in Großbuchstaben zu nennen. Diese Werte können nur ausgelesen und nicht überschrieben werden.

```
const int KONSTANTE = 330;
```

4.6 Schleifen

Wir als Mensch versuchen in der Regel möglichst effizient zu handeln und so das Durchlaufen unnötiger Schleifen zu vermeiden. Beim Programmieren hingegen kann dadurch ein komplexer Befehl in immergleichen simplen Anweisungen formuliert werden. Das Gleiche ganz oft zu tun, fällt dem Computer leicht.

For - Schleifen

```
for (Startwert; Bedingung; Iterationsschritt)
{
    // Befehle
}
```

Abbildung 57 – For - Schleifen

Dazu wird eine Laufvariable definiert, die mit einem *Startwert* anfängt und mit jedem Schleifendurchlauf um den *Iterationsschritt* verändert wird. Solange die dabei formulierte *Bedingung* erfüllt ist, läuft die Schleife weiter. Achtung! Ist die Bedingung ungünstig formuliert, besteht die Gefahr, dass die Schleife unaufhaltsam weiterläuft. Es wird dann von der Endlosschleife gesprochen.

Beispiel – 7 Schleifendurchläufe

```
1  #include <iostream>
2
3  using namespace std;
4
5  int main()
6  {
7      int Laufvariable;
8
9      for (Laufvariable = 1; Laufvariable < 8; Laufvariable++)
10     {
11         cout << "Schleifendurchlauf Nummer " ;
12         cout << Laufvariable << endl;
13     }
14
15     cout << "Verstanden?";
16
17     return 0;
18 }
```

Abbildung 58 – Beispiel 5 - 7 Schleifendurchläufe

Erklärung:

Die *Laufvariable* bekommt zunächst in Zeile 9 den Startwert 1. Da diese Variable in der Regel nur bei der Schleife selbst genutzt wird, ist es üblich sie dort, zum ersten gegebenen Zeitpunkt, ohne Extraschritt (wie in Zeile 7), zu deklarieren. Unter der Bedingung, dass die *Laufvariable* kleiner als 8 ist, läuft die *for - Schleife* weiter. Bei jedem Mal wird der Wert von dieser um 1 erhöht. Die Kurzschreibweise *Laufvariable*++, bedeutet also ‚Laufvariable = Laufvariable +1'.

Da die Bedingung ‚Laufvariable<8' beim 8. Durchlauf nicht mehr erfüllt wäre, endet die Schleife nach dem siebten. Es könnte ebenso die Gleichung ‚Laufvariable <= 7' als Bedingung verwendet werden.

Übung – Fakultät einer Zahl

Aufgabenstellung

Schreiben Sie ein Programm, das nach Eingabe einer beliebigen ganzen Zahl die Fakultät aus dieser bildet und sie ausgibt. Wer mit dem mathematischen Begriff ‚Fakultät' vertraut ist, der weiß, 5! (Fünf Fakultät) = 5*4*3*2*1 = 120.

Lösung

```
#include <iostream>

using namespace std;

int main()
{
    int x;
    int Produkt = 1;
    int LV;

    cout <<"Es wird die Fakultaet aus der "<<endl;
    cout <<"Zahl ";
    cin >> x;
    cout <<"gebildet."<<endl;
    cout <<"..."<<endl;

    for (LV = 1; LV<= x; LV++)
    {
        Produkt = Produkt * LV;
    }

    cout <<"Trommelwirbel... "<<x<<"! = "<<Produkt;

    return 0;
}
```

Abbildung 59 – Beispiel 6 - Fakultät einer Zahl

Erklärung:

Von einer beliebigen Zahl ‚x' wird innerhalb einer *for - Schleife* eine Rechnung durchgeführt.

Ähnlich wie die Iteration der Laufvariable selbst, kann ein Produkt mit sich selbst verrechnet werden. Die Formel ‚Produkt = Produkt *LV' stellt also keinen Logikbruch dar, sondern es wird ein neuer Wert mithilfe eines alten berechnet.

Die Schleife startet bei dem Wert 1 und endet bei der eingegeben Zahl x. Der alte Produktwert wird bei jedem Schritt mit der nächst höheren Zahl multipliziert, wodurch die Schleife genau den Aufgabenzweck erfüllt.

Hinweis: negative Zahlen sind hier ungültig. Diese Lösung ist auch ein hervorragendes Beispiel für eine mögliche Endlosschleife. Versuchen Sie das Programm auch auf negative Eingaben vorzubereiten.

Kontrollstrukturen

Der Ablauf einer Schleife ist nicht strikt an die einzige Bedingungsdefinition gekoppelt denn es können weitere Kontrollwörter verwendet werden.

continue;

Nachdem der Schleifencode diesen Ausdruck passiert hat, wird der restliche Inhalt missachtet und die Schleife beginnt von neuem, aber erst nachdem Iterationsschritt. Beispielsweise ist es sinnvoll den Ausdruck mit einer Verzweigung einzuleiten. Im Folgenden wird das Beispiel 5 zur Klärung ergänzt.

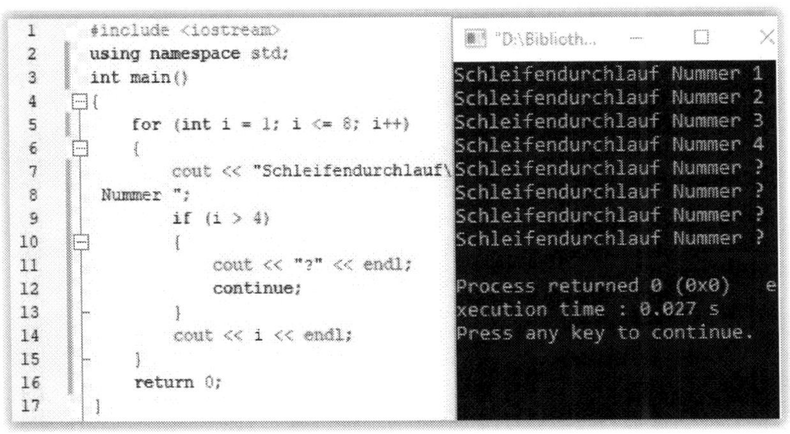

Abbildung 60 – Beispiel 5.1 - continue

break;

Der Ausdruck, falls ausgeführt, bricht die Schleife ab.

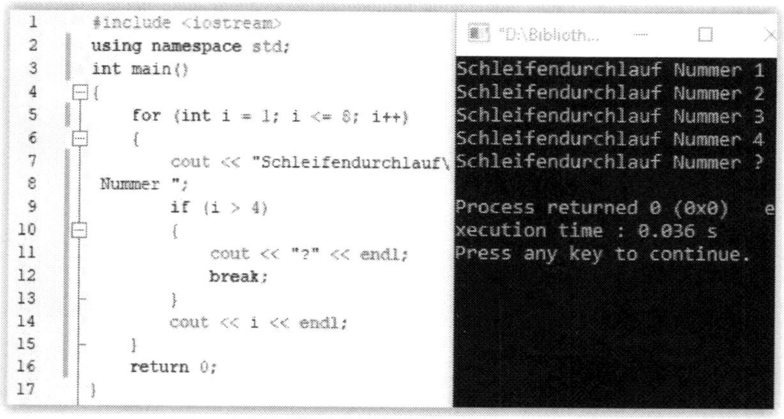

Abbildung 61 – Beispiel 5.2 - break

return [Wert];

Auch der return - Befehl kann innerhalb einer Schleife verwendet werden. Dabei wird ein bestimmter Wert an die übergeordnete Funktion zurückgegeben und auch dabei bricht die Schleife ab. Handelt es sich um eine Funktion vom Typ *void,* dann ist die Rückgabe eines Werts nicht notwendig.

While - Schleifen

Eine *While* - Schleife ist simpler. Sie hat die Aufgabe eine Bedingung abzuprüfen und einen Befehlscode auszuführen, für den Fall, dass sie zutrifft. Ist die Bedingung nicht erfüllt, wird die Schleife übergangen. Was also im Vergleich wegfällt, ist Startvariable und der Iterationsschritt.

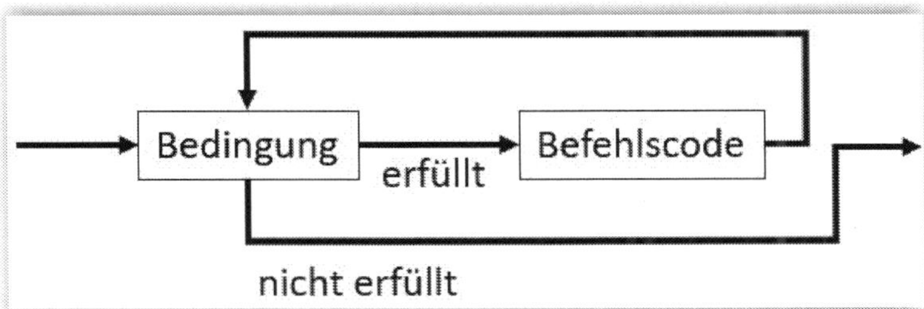

Abbildung 62 – While - Schleifen

Genauso gut könnte eine for - Schleife daraus gebaut werden, indem vor der Schleife eine Variable definiert wird, welche am Ende des Befehlskörpers eine Iteration erhält.

```
int i = 1; //Startwert
while (i <= 8) //Bedingung
{
    //Befehle
    i++;
}
```

Abbildung 63 – Beispiel for - als while - Schleife

Do - While - Schleifen

Diese machen dasselbe wie eine While - Schleife, aber in der umgekehrten Reihenfolge. Zunächst wird ein Befehlscode ausgeführt. Unter einer definierten Bedingung wird dieser wieder und wieder ausgeführt.

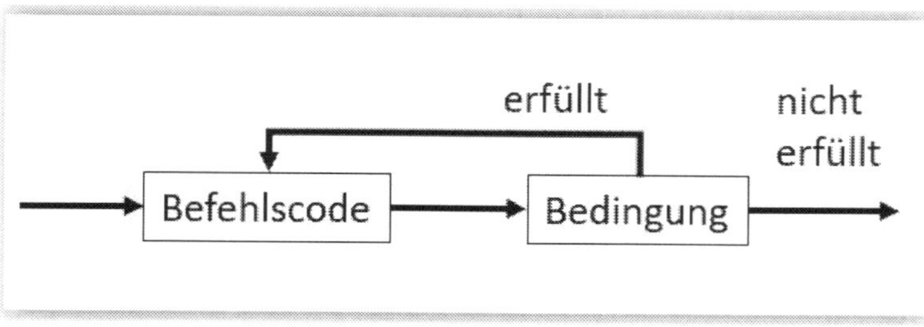

Abbildung 64 – Do…While - Schleifen

Finales Beispiel

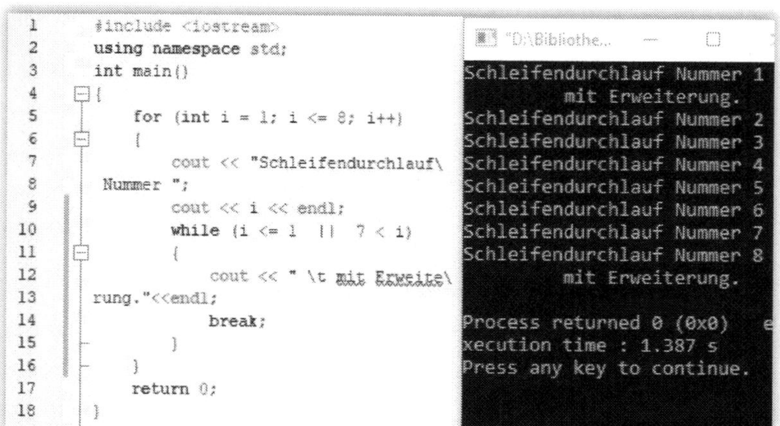

Abbildung 65 – Bespiel while Schleife

4.7 Funktionen

Ähnlich wie Operatoren sind Funktionen eher aus der Mathematik bekannt. Funktionen in der Programmierung können das gleiche und noch mehr. Bisher ist mit der main() - Funktion bereits das ein oder andere Beispiel ausgeführt worden. Wenn Programme derart simpel sind, ist das in Ordnung. Andernfalls wird es sinnvoll sein, das Programm weiter zu strukturieren, in dem weitere Funktionen deklariert und definiert werden.

Der große Vorteil ist, dass ein Code nur einmal formuliert werden muss, und danach beliebig oft durch Nennung des Funktionsnamens verwendet werden kann. Das Resultat ist, dass der Inhalt von *main()* auf ein Minimum reduziert werden kann.

Prinzipiell setzt sich eine Funktion aus dem gewünschten Rückgabetyp, dem Namen und den Eingangsparametern zusammen, welche in den runden Klammern stehen. Der Befehlscode wird dahinter in geschweiften Klammern genannt.

Es gibt Funktionen mit oder ohne Rückgabewert. Auch die Verwendung von Eingangsvariablen ist optional. Folgende Beispiele sollen den Sachverhalt erklären. Zur Erinnerung: Das Programm startet stets mit der Hauptfunktion *main()*.

Definition und Verwendung

```
1   #include <iostream>
2   using namespace std;
3
4   int Addition (int a1, int a2)
5   {
6       return a1 + a2;
7   }
8
9   void AusgabeAddition (int x, int y)
10  {
11      cout << Addition (x,y) << endl;
12  }
13
14  int main()
15  {
16      int x = 11;
17      cout << x << endl;
18
19      AusgabeAddition(5,5);
20      cout << x << endl;
```

```
11
10
11
```

Abbildung 66 – Funktionen Beispiel

Die in Zeile 17 definierte Variable x soll zeigen, dass die verschiedenen Funktionen Variablen mit gleichem Namen haben können, ohne sich gegenseitig zu beeinflussen.

Worum es in diesem Beispiel geht, ist die Verwendung der Funktion aus Zeile 19. Deklariert und definiert wird Sie bereits davor in Zeile 9. Die Eingangsvariablen x und y, welche bei Verwendung der Funktion übergeben werden müssen, können dann innerhalb des Befehlskörpers benutzt werden. Zum Beispiel für die

Übergabe in eine weitere Funktion. Das heißt gleichzeitig, nur diese zwei Werte können von außerhalb in die Funktion gelangen. Welche Übergabevariablen es gibt und von welchem Typ sie sind, muss stets deklariert werden.

Es handelt sich um eine Funktion ohne Rückgabewert. Das ist hier nicht notwendig, denn innerhalb der Funktion wird z.B. nur der Wert der Funktion *Addition* ausgegeben.

In Zeile 11 wird also eine weitere Funktion aufgerufen. Diesmal steht diese für einen Rückgabewert welcher in Zeile 6 gebildet wird. Die Eingangsvariablen der Funktion werden dabei gleichgesetzt und so ist x = a1 und y = a2.

Diese Gleichsetzung führt dazu, dass mehrere Variablen für dieselben Werte angelegt werden. Das ist Speicher- und Prozessorzeitverschwendung. Wie es besser geht, folgt im Kapitel 4.9 Pointer und References.

Funktionsdeklaration

Im Folgenden soll lediglich die Reihenfolge geändert werden, sodass die Hauptfunktion main() zuerst genannt wird. Beim Debuggen wird folgender Fehler ausgegeben:

```
9      AusgabeAddition(5,5);

D:\Bibliothek...  9    error: 'AusgabeAddition' was not declared in this scope
```

Abbildung 67 – Funktion wurde nicht deklariert

Um diesen Fehler zu vermeiden muss die Funktion vor *main()* zumindest deklariert werden, sodass folgende Darstellung ebenso möglich ist:

```
#include "iostream"
using namespace std;

int Addition (int a1, int a2);
void AusgabeAddition(int x, int y);

int main()
{
        int x = 11;
        cout << x << endl;
        AusgabeAddition(5,5);
        cout << x << endl;
}

int Addition (int a1, int a2)
{
      return a1 + a2;
}

void AusgabeAddition (int x, int y)
{
    std::cout << Addition (x,y) << std::endl;
}
```

Abbildung 68 – Funktionen Deklaration

4.8 Fortgeschrittene Projektstruktur

Bisher sind alle Inhalte des Programms stets in der main.cpp genannt worden. In größeren Projekten ist es üblich das Programm auf mehrere Dateien aufzuspalten. Das hat gleich mehrere Vorteile.

i. Alles wird übersichtlicher. Bei sinnvoller Nomenklatur der Funktionen ist oft schon ohne Sichtung des Inhalts erkenntlich, was passiert. Und das, bei deutlich weniger Syntaxcode.

ii. Die benötigte Compilerzeit wird verkürzt. Jede der .cpp - Dateien wird einzeln übersetzt und so müssen eben nur jene kompiliert werden, die sich seit dem letzten Übersetzen geändert haben.

iii. Das Arbeiten im Team ist nun eine Möglichkeit. Das Programm hat verschiedene Module und so kann jeder Mitarbeiter sich darauf konzentrieren eines von vielen Zielen zu verfolgen.

Wie das funktioniert und was sinnvolle Ordnungsmöglichkeiten sind soll der Inhalt dieses Kapitels sein. In Abbildung 68 auf S.98 kann erahnt werden, wie die Aufteilung in diesem Kapitel vorgenommen wird.

Im Anschluss zu diesen Optimierungen wird anhand von Abbildung 75 der zugrundeliegende Zusammenhang veranschaulicht werden. Es wird an dieser Stelle das Kapitel 3.2 ‚Build and run' mit weiteren Informationen ergänzt. Dort ist bereits die Rede von Object – Dateien gewesen, die beim Kompilieren entstehen und, als der Header *#include <iostream>* das Thema gewesen ist, war die Rede von einem Präprozessor. All das wird auf Seite 104 schaubildlich dargestellt.

Als erstes fällt in Abbildung 68 (S.98) auf, dass die Funktionsdeklarationen aus Gründen der Reihenfolge ganz oben stehen müssen. Das heißt zeitgleich, es handelt sich hierbei ebenfalls sozusagen um verschiedene Header.
Um das Projekt zu ordnen können diese also in eine gesonderte Header - Datei eingetragen werden. Diese wird folgendermaßen erstellt:

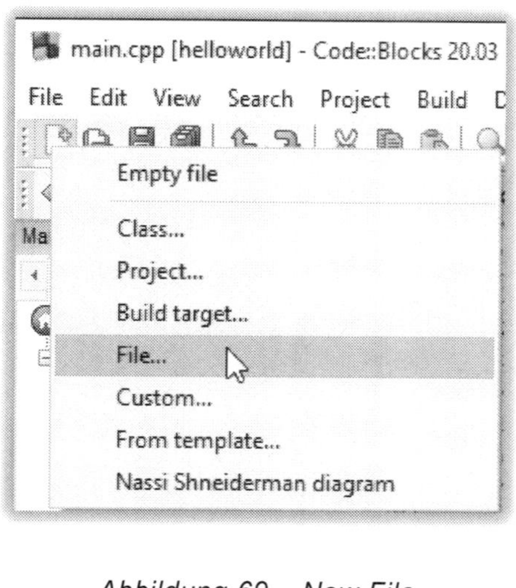

Abbildung 69 – New File

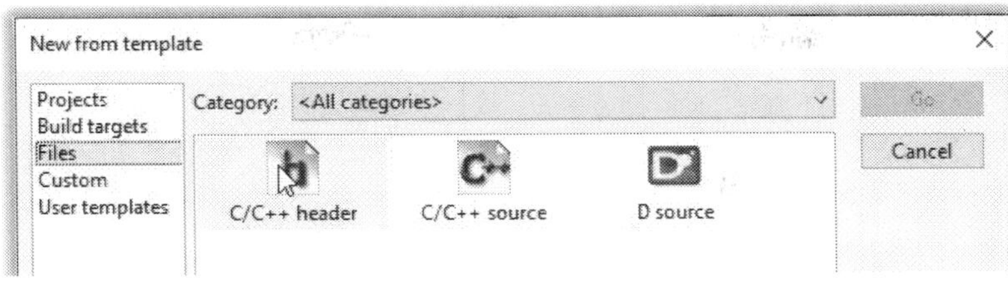

Abbildung 70 – Header Template

Es kann das Template (= die Vorlage) für die Header - Datei verwendet werden. Im Anschluss müssen der Pfad und der Name ausgewählt werden. Außerdem ist es sinnvoll gleich den Haken ‚Add file to acive project' zu setzen.

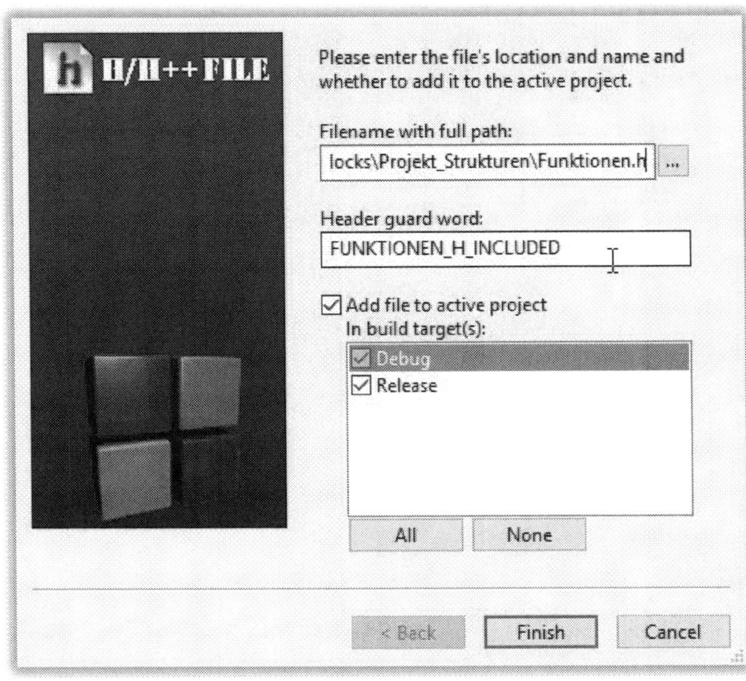

Abbildung 71 – Filename with full path

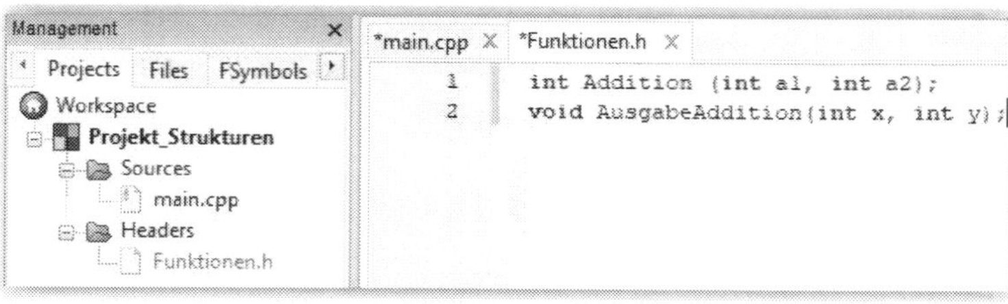

Abbildung 72 – Funktionen.h

Es sollen also die Funktionsdeklarationen aus der main.cpp ausgeschnitten und hier eingefügt werden. Ein weiterer notwendiger Schritt bei dieser Änderung ist es dem Präprozessor mitzuteilen, dass er diese Datei in die main.cpp einbinden soll. Der Befehl dazu ist in der Zwischenzeit bekannt und lautet in diesem Fall:

```
#include "Funktionen.h"
```

Diese Zeile muss in der main.cpp oberhalb der main() - Funktion stehen.

Mit der gleichen Vorgehensweise soll nun eine Source - Datei erzeugt werden. Darin werden für den Moment die bisherigen Funktionen ihren Platz finden. Das Resultat ist, dass die main.cpp im Anschluss aufgeräumt ist und dort nur wichtige Aufgaben und die dazu benötigten Header stehen.

Mit letzterer Anpassung ergibt sich schlussendlich folgendes Bild:

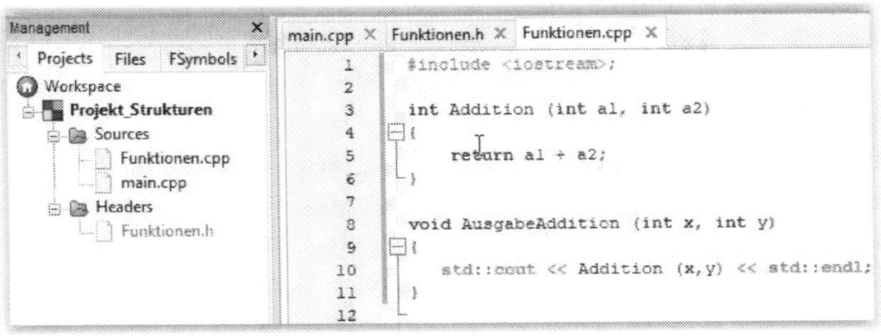

Abbildung 73 – Funktionen.cpp

In Abbildung 73 (S.103) ist bereits erkennbar, dass der Stilwechsel angefangen hat, der in Kapitel 3.4 Die Syntax‘ angekündigt worden ist. Auf *using namespace std;* wird verzichtet. Dafür haben die Operatoren *cout* und *endl* den Präfix *std::* erhalten.

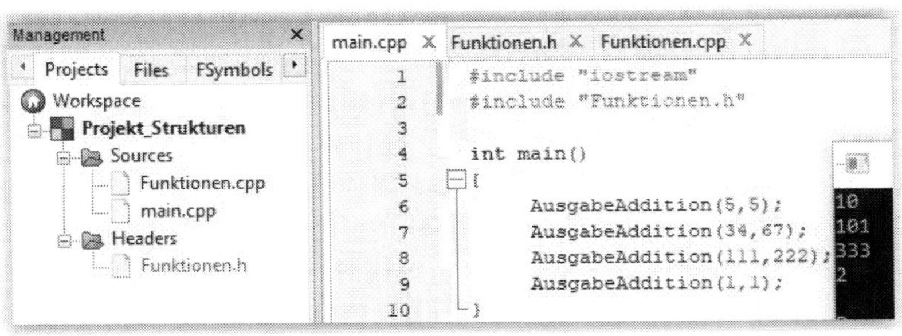

Abbildung 74 – main.cpp

Die fortgeschrittene Projektstruktur ist möglich, da der Build - Vorgang zu der resultierenden Binärdatei dank dieser drei stillen Helden umgesetzt wird.

(1) <u>Präprozessor:</u> Die Rautezeichen (#) im Programm werden gesucht und die Befehle dahinter ausgeführt. Mehr dazu, gleich auf der folgenden Seite.

(2) <u>Compiler:</u> Die einzelnen .cpp - Dateien werden in Binärsprache übersetzt. Zunächst jede unabhängig für sich.

(3) <u>Linker:</u> Verschiedene Stichwörter bzw Signaturen in den Objektdateien werden gesucht und der Programmcode dadurch zu einer Gesamtdatei umgesetzt / verlinkt.

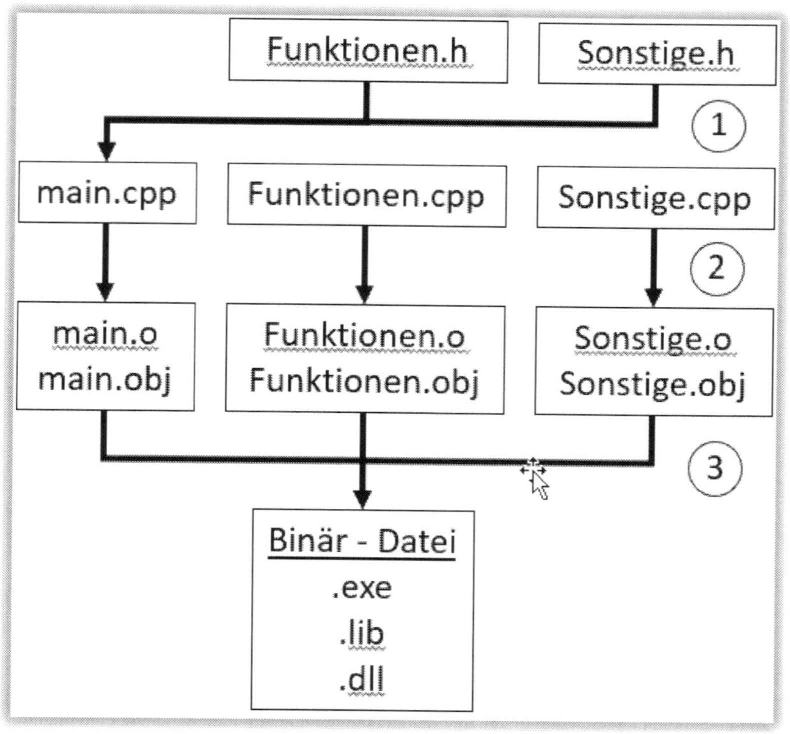

Abbildung 75 – Build - Vorgang

Präprozessor

Vor dem eigentlichen Kompilieren findet eine Art Codesortierung und -manipulation statt. Unter anderem ist auch das Kommentieren, welches durch die Schrägstriche (//) eingeleitet wird eine Aufgabe für den Präprozessor. Nämlich einfach nichts mit diesem Text zu tun. Ähnlich dazu kann im Programmcode ein Zeilenumbruch ermöglicht werden, indem ein Rückschrägstrich (\ ) ans Ende der Zeile angefügt wird (z.B. Abbildung 65, S.94). Mit folgenden Mitteln wird außerdem gerne gearbeitet.

#include " … "

Es wird die Datei " … " gesucht, deren Inhalt kopiert und an genau dieser Stelle ein eingefügt. So kann die sich ändernde Codedatei übersichtlich bleiben während statische Informationen anderswo aus den Augen aus dem Sinn sind. Das ist sehr wichtig, denn beispielsweise die *iostream* - Datei beinhaltet viele tausend Zeilen an Befehlen. Diese Zeilen existieren, werden berücksichtigt und das ist das wichtigste.

Mit eigens definierten *include* - Inhalten soll die Kreativität sinnvoll ausgelebt werden. Die Verwendung wie auf Seite 102 ist ein der Möglichkeiten.

#define [Zu ersetzen] [Der Ersatz]

Bei diesem Befehl wird auch von so genannten Makros gesprochen. Der Einsatz geschieht wie in der Überschrift bzw. dem folgenden (unpraktikablem) Beispiel.

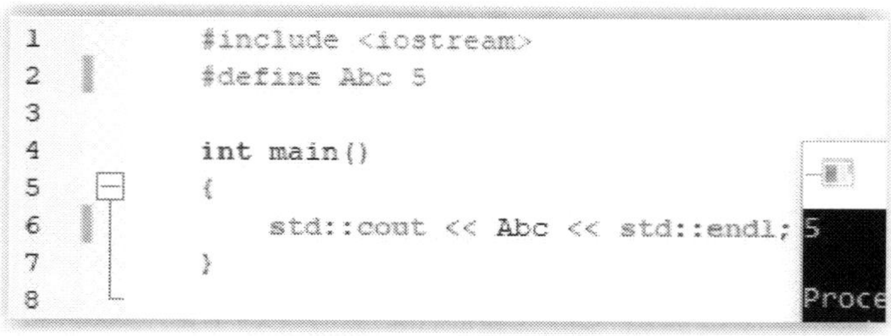

Abbildung 76 – Beispiel #define

Eine bessere Anwendung ist es beispielsweise den Standard - Namespace über ein Alias zu definieren. 7

```
#define cout std::cout #define endl std::endl
```

#pragma [...]

<u>#pragma once</u>:

Durch das Verwenden des #include - Ausdrucks, bei dem der gesamte Inhalt der gewählten Datei importiert wird, besteht die Gefahr, dass die mehrfache Einbindung eines Headers stattfindet. Das ist unnötig und führt zeitgleich zu Compiler - Fehlern. Durch *#pragma once* wird dies verhindert.

Gültigkeitsbereiche

global

Für das weitere Verständnis ist der Begriff *global* und was darunter verstanden wird sehr relevant. Alles was außerhalb steht, beziehungsweise generell keinen eigenen Befehlskörper hat, wird im Programm als *global* bezeichnet. Dort kann allerhand definiert werden. Der Zugriff darauf ist uneingeschränkt möglich. Werden Elemente innerhalb eines Befehlskörpers, also den geschwungenen Klammern standardmäßig definiert, so ist der Bezug lediglich lokal möglich.

```
#include <iostream>

int z = 7;

int Addition (int a, int b)
    {
        std::cout << z << std::endl;
        z ++;
        return a+b;
    }

int main()
{
    std::cout << Addition(4,6) << std::endl;
    std::cout << z << std::endl;
}
```

```
D:\Bibliotheken\Dokumente\...
7
10
8
```

Abbildung 77 – Globale Variablen

extern

Allerdings ist es grundsätzlich nicht möglich, eine globale Variable aus einer anderen Quelldatei zu verwenden, ohne sie vorher deklariert zu haben. Der Grund ist die Funktionsweise des Compilers, denn jede .cpp – Datei wird zunächst unabhängig von den anderen übersetzt. Um dann im Anschluss Linker – Fehler zu vermeiden, ist es notwendig ggf. eine Variable als extern zu kennzeichnen. Es teilt dem Compiler mit, dass eine bestehende Variable verwendet wird.

```
extern [Datentyp] [Name der Variable];
```

static (global)

Gleichzeitig heißt das auch, dass die Zugriffsmöglichkeiten auf globale Funktionen oder Variablen aus anderen Übersetzungseinheiten bzw. .cpp - Dateien bisher prinzipiell ohne Einschränkung möglich sind. Das kann unerwünscht sein und durch das Präfix *static* verhindert werden. So wird ermöglicht, dass Funktionsdefinitionen oder Variablen mit gleichem Namen im selben Programm existieren können, jedoch ohne Linker - Fehlermeldung. Siehe folgende Abbildungen:

main.cpp X Funktionen.cpp X

```cpp
#include <iostream>
//#include "Funktionen.h"
//int Addition (int& x_ref , int& y_ref);
void AusgabeAddition(int x, int y);

int Addition (int a, int b)
    {
        return a+b;
    }

int main()
{
    AusgabeAddition (5,2);
    AusgabeAddition (3,3);

    std::cout << Addition(4,6) << std::endl;
}
```

D:\Bibliotheken\Dokumen...

```
7
6
10
```

Abbildung 78 – Static Beispiel main.cpp

nain.cpp X Funktionen.cpp X

```cpp
#include <iostream>;

static int Addition (int& x_ref , int& y_ref)
{
    return x_ref + y_ref;
}

void AusgabeAddition (int x, int y)
{
   std::cout << Addition (x,y) << std::endl;
}
```

Abbildung 79 – Static Beispiel main.cpp

static (lokal)

Wird eine static - Variable innerhalb eines Befehlskörpers { }, also Lokal verwendet, dann wird sie über die Lebenszeit des Programms nur einmal initialisiert und schlussendlich einmal aus dem Speicher gelöscht. Das hat zur Folge, dass der Wert der Variablen auch beim Verlassen des Befehlskörpers erhalten bleibt. Handelt es sich z.B. um eine Funktion, die mehrmals aufgerufen wird, so ist die Variable auf dem letzten Stand.

4.9 Pointer und References

Dieses Kapitel ist gleichermaßen sinnvoll und prinzipiell simpel. Es ist von Bedeutung, da es sich bei C++ um eine maschinennahe Sprache handelt. Das hat zur Folge, dass sie bei guter Programmierung Vorteile daraus schöpfen und bei schlechter jedoch Nachteile. Ein massives Mittel um Rechenzeit und / oder Arbeitsspeicherverwendung zu reduzieren, ist das *Referenzieren* auf bestehende Variablen. Diese haben, sobald deklariert, eine feste Adresse im Speicher. Die Adresse ist weder zufällig, noch geheim und so kann darauf verwiesen werden. Dabei kommen *Pointer* ins Spiel, welche auf diese Adresse zeigen.

Hexadezimalsytem

In dem Kapitel 4.4 Datentypen ist es notwendig gewesen das Verständnis durch die Erklärung von Binärzahlen zu erweitern. Ähnlich verhält es sich mit Speicherwerten. Es ist sehr übersichtlich, die Werte in dem Speicher jeweils lediglich mit 2 Stellen abzubilden. Zur Erinnerung: Jedes Speicherelement umfasst 1Byte, d.h. in Binärschreibweise würden 8 Stellen benötigt und in Dezimalschreibweise drei. Zumindest die eine Stelle kann gegenüber dem Dezimalsystem eingespart werden, wenn das *Hexadezimalsystem* verwendet wird. Dieses zählt von 0 - 9 wie allgemein bekannt. Weiterhin werden die Buchstaben A bis F verwendet um Zahlen zu ersetzen. Der Buchstabe F, steht also für die Zahl 15. Danach wird mit 10 weitergezählt, was dabei gleichbedeutend zu 16 ist. Werfen Sie bei Bedarf einen Blick in Abbildung 53 und folgende auf Seite 78/79. Dort ist das Hexadezimalsystem erstmals aufgetreten.

Um zurück zum eigentlichen Thema zu gelangen. Pointer sind dazu entwickelt, um Speicheradressen wiederzugeben. In der Syntax sieht das ganze so aus:

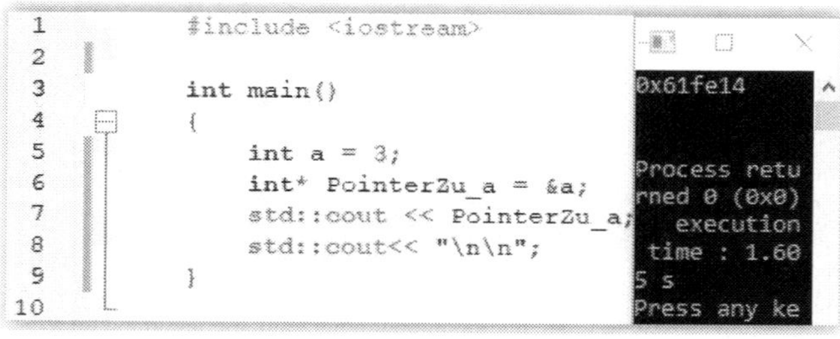

Abbildung 80 – Pointer

Der Pointer wird ähnlich wie eine Variable deklariert. Allerdings hat die Angabe *int* hierbei keinerlei Einfluss auf die Funktionsweise. Es soll stets eine Speicheradresse hinterlegt werden, somit ist der Datentyp der referenzierten Variablen unverändert. Gekennzeichnet wird der Pointer durch ein Sternchen (*), das durch den Multiplikator - Operator bereits bekannt ist. Das Referenzieren auf eine Variable erfolgt durch das ‚und' - Zeichen (&) und die Identifikation jener. Das heißt die Kombination von & und a spiegelt an dieser Stelle bereits die Speicheradresse wider. Der Pointer ist nur dazu da, um diese zu tragen. Das ist die eine Seite der Münze.

Auf der anderen Seite gibt es die Möglichkeit Variablen durch das Referenzieren direkt miteinander zu verknüpfen. Es soll an dieser Stelle erneut das Beispiel aus Abbildung 74 (S.103) herangezogen werden.

main.cpp | Funktionen.h | Funktionen.cpp

```cpp
int Addition (int& x_ref , int& y_ref);
void AusgabeAddition(int x, int y);

```

Abbildung 81 – Funktionen.h mit Referenz

main.cpp | Funktionen.h | Funktionen.cpp

```cpp
#include <iostream>;

int Addition (int& x_ref , int& y_ref)
{
    return x_ref + y_ref;
}

void AusgabeAddition (int x, int y)
{
    std::cout << Addition (x,y) << std::endl;
}

```

Abbildung 82 – Funktionen.cpp mit Referenz

Durch das Verwenden der alternativen Deklarierung *int&* wird keine neue Variable erzeugt, sondern nur ein neuer Name für etwas bekanntes. Das ist in der Programmiersprache C++ stilistisch deutlich besser.

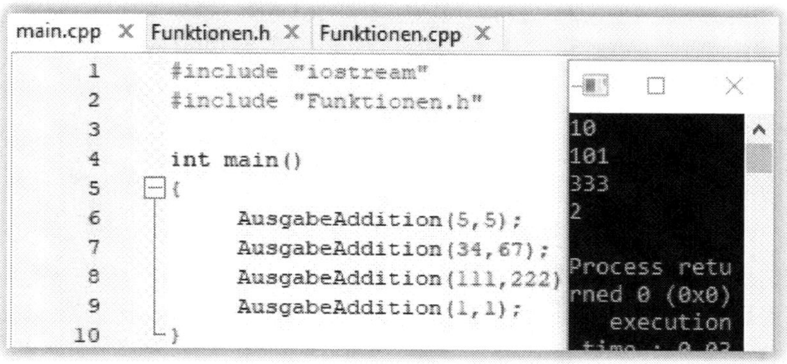

Abbildung 83 – main.cpp

Das Ergebnis ist nach wie vor das gleiche. Gleichzeitig heißt es aber auch, dass die Werte von x und x_ref nun verknüpft sind. Ein weiteres Beispiel soll das verdeutlichen.

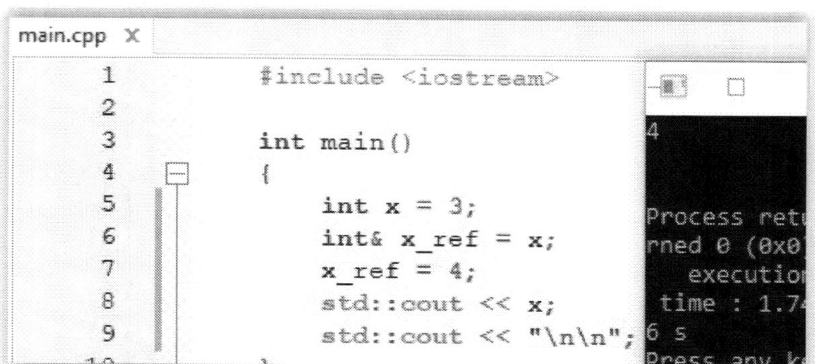

Abbildung 84 -Referenzieren

4.10 Arrays

Es kann vorkommen, dass eine Reihe von Variablen vom selben Datentyp einer Zusammengehörigkeit unterliegen. Eine Möglichkeit um in diesem Fall für Ordnung zu sorgen und eine große Zahl an Variablen mit nur einem Namen zu bedienen, stellt der *Array* dar.

Die mögliche Darstellung kann dabei sogar beliebig viele Dimensionen umfassen. Der ein- oder zweidimensionale *Array* verhält es sich dabei wie die Zeilen und Spalten einer Tabelle. Darin haben alle enthaltenen Werte ihren festen Platz, vergleichbar mit einer Excel - Tabelle. Ein dreidimensionaler Array wiederum spannt sozusagen einen Werteraum auf. Bei vier Dimensionen oder darüber hinaus wird es komplizierter und schwieriger nachzuvollziehen. Analog zu normalen Variablen werden Arrays ebenfalls deklariert und definiert. Im Folgenden werden einige Bespiele genannt.

Deklaration (eindimensional)

```
[Datentyp] [Name des Arrays] [[Anzahl der Werte]];
```

```
int arr1 [10] ; //Array mit 10 int - Werten
```

Die Länge eines Arrays steht bei der Deklaration in den eckigen Klammern. Im Beispiel von *arr1* ist also eine Reihe von Werten deklariert worden. Diese 10 Werte sind in den Platzhaltern arr1[0] bis arr1[9] definierbar. D.h. die Inhalte eines Arrays werden behandelt als wären es durchnummerierte Variablen. Von dem jeweiligen Index abgesehen haben sie sonst eine gleiche Benennung.

Wichtiger Hinweis: Als *Pointer* das Thema gewesen sind, ist klar geworden, dass Variablen eine bestimmte Speicheradresse haben. Bei Arrays ist der Arraykörper selbst ein Pointer. D.h.

```
int* P = arr1;
```

ist ein legitimer Vorgang.

Definition (eindimensional)

Die Definition der einzelnen Werte erfolgt durch die Nennung der jeweiligen Stelle im Array. Von dieser Neuerung abgesehen verhält es sich gleich wie bei Variablen aus dem vorherigen Kapitel.

```
[Arrayname] [(Stelle im Array)]
= [Wert der Stelle];
```

```
arr1 [0] = 3;

...

arr1 [9] = 15;
```

Deklaration & Definition (eindimensional)

Wie schon von Standardvariablen bekannt, können die beiden Schritte zusammengefasst werden. Entweder werden die Werte in geschwungene Klammern geschrieben und sofort genannt, oder in Einzelschritten definiert. Eine For - Schleife eignet sich dazu übrigens hervorragend.

```
[Datentyp] [Name] [(Anzahl Werte)]
= { [Wert 0],[Wert 1], …};
```

```
int arr13[3] = {4, 6, 3} //Array mit 3 int - Werten
```

» `arr13[0] = 4;`

» `arr13[1] = 6;`

» `arr13[2] = 3;`

Auch Text kann in Form eines Arrays dargestellt werden. Der Datentyp *char* ist sowohl geeignet für Zahlen, als auch Textzeichen. Dabei müssen einfache Anführungsstriche verwendet werden.

```
char Textbeispiel [] = {'A' , 'b' , 'c'};
```

» char Textbeispiel [0] = ‘A‘;

» char Textbeispiel [1] = ‘b‘;

» char Textbeispiel [2] = ‘c‘;

Deklaration (mehrdimensional)

Als Beispiel soll ein zweidimensionaler Array verwendet werden:

```
[Datentyp] [Arrayname] [[Größe Dimension 1]]
[[Größe Dimension 2]];
```

```
int arr2 [2][3];
```

Es können also 2 * 3 = 6 Werte mit dieser Anordnung definiert werden.

Dim1 / Dim2	Dim2[0]	Dim2[1]	Dim2[2]
Dim1[0]	arr2 [0] [0]	arr2 [0] [1]	arr2 [0] [2]
Dim1[1]	arr2 [1] [0]	arr2 [1] [1]	arr2 [1] [2]

Definition (mehrdimensional)

Es ändert sich gegenüber dem eindimensionalen Array nur, dass mehr Felder befüllt werden können.

```
[Arrayname] [(Stelle Dimension 1)] [(Stelle D2)]
= [Wert von Feld D1D2];
```

```
arr2 [0] [1] = 32 ;
```

```
arr2 [0] [2] = 45 ;
```

Definition & Deklaration (mehrdimens.)

Bei mehrdimensionalen Arrays ist die Verwendung von zwei oder mehr verschalteten For - Schleifen um die Werte zu befüllen beinahe obligatorisch. Folgende Möglichkeit kann sehr unübersichtlich sein.

```
[Datentyp] [Arrayname] [[Größe D1]] [[Größe D2]]
= { {D1[0]D2[0],D1[0]D2[1],D1[0]D2[2],…} ,
    {D1[1]D2[0],D1[1]D2[1],D1[1]D2[2],…} ,
  …};

int arr235 [3][5]
= {{1,2,3,4,5} , {5,6,7,8,9} , {11,12,13,14,15}};
```

4.11 Strings

Buchstaben, Wörter oder andere Zeichen / Symbole haben in der Programmierung die Bezeichnung *Strings* erhalten. Im Kapitel ‚Arrays', genauer gesagt im Unterkapitel ‚Deklaration & Definition (eindimensional)', ist bereits ein Beispiel genannt worden, in dem ein Char - Array aus verschiedenen Buchstaben gebildet wird. Nichts anderes ist ein String, nämlich eine Kette aus Zeichen. Eine weitere Möglichkeit zur Erstellung eines Strings ist das Nutzen eines char - Pointers.

```
char* Textbeispiel = "Mustertext";
```

Da ein Array nichts anderes ist als ein Pointer, der auf eine Wertekette referenziert, ist das obere Beispiel also gleichbedeutend zu:

```
Char Textbeispiel [11]
= {'M','u','s','t','e','r','t','e','x','t',0}
```

Das Beispielwort besteht eigentlich nur aus 10 Zeichen, doch wird bei dem String die abschließende Null benötigt, um das Ende zu kennzeichnen.

Das ist die Grundlage auf denen die std::String - Klasse in C++ basiert. In Abbildung 40 (S.57) ist erstmals der dazu notwendige Header *<string>* verwendet worden. Tipp: Gegebenfalls wird beim Umgang mit Strings / chars die ASCII – Tabelle (S. 78) benötigt.

5. Objektorientierte Programmierung

Die Anforderungen an Programmierung können sehr komplex sein, besonders in Spielen. Wenn viele Eigenschaften auf verschiedene Objekte zutreffen, kann in Programmen die Einteilung in Klassen vorgenommen werden. So gibt es zum Beispiel sehr oft die Klasse *Spieler* und die Objekte *Spieler 1, Spieler 2, ...*

Aber auch in diversen anderen Programmen gibt es Konstrukte, die jeweils gleichen Regeln folgen und damit sinnvollerweise gruppiert werden.

So ist die objektorientierte Programmierung ein logischer Entwicklungsschritt in der Programmiersprache gewesen. Die Art und Weise wie Programmcode formuliert werden kann, ist so deutlich übersichtlicher und änderungsfreundlicher geworden. Nicht alle Sprachen sind dazu ausgelegt. Es gehört unter anderem, gegenüber der Programmsprache C, zu dem Plus in C++.

<u>Hinweis:</u> Im vorigen Kapitel ist die Rede davon gewesen, dass *String* eine Klasse ist. Das heißt, wie so oft, es gibt eine Vielzahl an vorgefertigten Funktionen / Methoden, die direkt angewendet werden können.

5.1 Klassen – *class*

```
class [Name der Klasse]

{

public: //Optional

      Attribute und Methoden der Klasse

private: //Optional

      Weitere Eigenschaften und Methoden

}; //Ein Semikolon zum Schluss wird benötigt.
```

Eine Klasse wird ähnlich wie eine Funktion definiert. Dort kann alles Erdenkliche formuliert werden. Selbstverständlich gibt es auch klassenabhängige Funktionen. Dabei wird allerdings von Methoden gesprochen, da es sich um den gleichen Sachverhalt, aber in einer anderen Situation handelt.

Standardmäßig sind die Inhalte von außen unzugänglich. D.h. um den Informationsaustausch mit der Klasse von außerhalb zu ermöglichen, muss der Befehl *public:* verwendet werden.

Nach dem veröffentlichen eines Bereichs kann der anschließende Inhalt stets wieder privatisiert werden. Alles was hinter der

Aussage *private:* folgt ist nur innerhalb der Klasse abrufbar. So können beliebig viele *public* oder *private* Bereiche definiert werden, falls gewünscht.

5.2 Konstrukte – *struct*

Das genaue Gegenteil stellen Konstrukte dar. Die Inhalte sind grundsätzlich öffentlich. Soll also etwas von der Außenwelt abgeschottet werden, so ist explizit die Formulierung *private* zu verwenden.

```
struct [Name des Konstrukts]

{

private: //Optional

      Eigenschaften und Methoden des Konstrukts

public:  //Optional

      Weitere Eigenschaften und Methoden

}; //Ein Semikolon zum Schluss wird benötigt.
```

5.3 Methoden und Klassenattribute

Zuallererst wird in Zeile 16 ein Objekt *SpielerA* erzeugt. Dazu wird erst die Klasse genannt, und anschließend die neue Instanz. Auch, wie Variablen haben so erzeugte Objekte eine begrenzte Lebensdauer innerhalb des lokalen Befehlskörpers.

```
1   #include <iostream>
2
3   class Spieler
4   {
5   public:
6           int LP=100;
7           void LPred ()
8           {
9               LP--;
10          }
11  };
12
13
14  int main()
15  {
16          Spieler SpielerA;
17          /*Nennen der Klasse und Dekla-
18          rieren des Objekts/ der Instanz*/
19          SpielerA.LPred ();
20          /*Verknüpfung der Instanz
21          mit der Methode*/
22
23          std::cout << SpielerA.LP;
24  }
25
```

Abbildung 85 – Methode: Lebenspunkte

Eine der Methoden, die auf einen Spieler angewendet werden kann, ist zum Beispiel das Reduzieren der Lebenspunkte. In der Hauptfunktion wird die Methode angewandt. Zur Kontrolle wird die Variable am Ende ausgeben. In diesem Fall beträgt sie noch 99. Die Schreibweise

```
SpielerA.LPred
```

```
SpielerA.LP
```

bedeutet, dass das Objekt, beziehungsweise die Instanz mit einer Methode oder Variable der Klasse verknüpft wird. Es können also beliebig viele Objekte definiert werden und dadurch verschiedene Werte mit der gleichen Methode bearbeitet werden.

static - Variablen in einer Klasse

Es kann auch innerhalb einer Klasse mit *static* gearbeitet werden. Das hat zur Folge, dass beispielsweise eine deklarierte Variable zwar zur Klasse gehört, jedoch für jede Instanz gleich ist und gegebenenfalls gleichermaßen geändert wird.

Im Folgenden (Seite 127) wird die Geschwindigkeit von den Spielern festgelegt. Die Norm schreibt vor, dass die Definition nicht innerhalb der Klasse erfolgen kann, sofern es keine Konstante ist. Deshalb wird der Wert in Zeile 20, nachdem er bereits in Zeile 6 deklariert worden ist, nun außerhalb der Klasse definiert. Es handelt sich hierbei trotzdem um die static - Variable, deren Verhaltensregeln bereits genannt worden sind. Die Schreibeweise , :: ‘ ist grundsätzlich notwendig um den Gültigkeitsbereich (‚scope‘) zu nennen. Zur Erinnerung: Es könnte mehrere Klassen geben, in denen der Name dieser Variable genutzt wird. Es ist also eine Art n*amespace.* So, wie die Funktion *cout* oder *endl* zum Standard - Namespace gehört (std::cout), bezieht sich die Variable *Geschw* auf die Klasse *Spieler* (Spieler::Geschw).

```
#include <iostream>
class Spieler
{
public:
    int Pos[2] = {0,0};
    static int Geschw;

    void Pos_neu (int t1, int t2)
    {
        Pos[0] = Pos[0] + t1 * Geschw;
        Pos[1] = Pos[1] + t2 * Geschw;
    }
    void Ausgabe_Pos (const char* Name)
    {
        std::cout << "Pos Spieler " <<
        Name << " [" << Pos[0] <<
        "," << Pos[1] << "]" << std::endl;
    }
};
int Spieler::Geschw = 10;

int main()
{
```

[...]

[...]

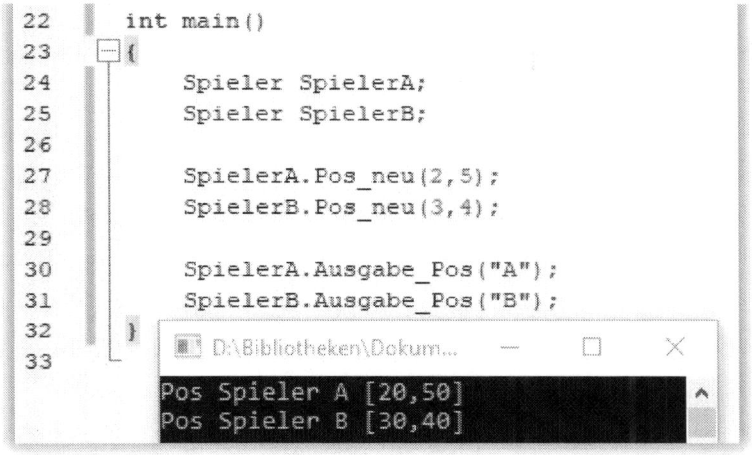

Abbildung 86 – Static Variable in Klassen

5.4 Konstruktoren und Destruktoren

Bisher war es impliziert, dass Variablen vor der ersten Verwendung einen Startwert bekommen müssen. In Kombination mit Klassen gibt es dafür extra den Bereich, der sich Konstruktor nennt und sicherstellt, dass jedes Objekt mit den gleichen Parametern initialisiert wird.

Die Erstellung eines Objekts führt also dann automatisch zum Ausführen des *Konstruktors*. Dieser Vorgang des Initialisierens läuft stets in einem bestimmten Gültigkeitsbereich, z.B. in der main() - Funktion zwischen den geschwungenen Klammern ab. Am Ende dieses Bereichs wird automatisch der *Destruktor* ausgeführt. Dieser muss nicht extra ausgeschrieben werden. Alle Attribute der jeweiligen Instanz werden am Ende des aktuellen Gültigkeitsbereichs wieder aus dem Speicher entfernt. Das vorherige Beispiel wird im Folgenden leicht abgeändert und mit dem Konstruktor ergänzt.

```
#include <iostream>
class Spieler
{
public:
    int K_x,K_y;
    static int Geschw;
    Spieler()  //Konstruktor
    {
        K_x=0;
        K_y=0;
    }
    void Pos_neu (int t1, int t2)
    {
        K_x += t1 * Geschw;
        K_y += t2 * Geschw;
    }
    void Ausgabe_Pos (const char* Name)
    {
        std::cout << "Pos Spieler "
        << Name << " [" << K_x <<
        "," << K_y << "]" << std::endl;
    }
};
int Spieler::Geschw = 10;
void PosExtern()
{
    Spieler SpielerA;
    SpielerA.Pos_neu(3,4);
    SpielerA.Ausgabe_Pos("A");
}
int main()
{
    Spieler SpielerA;
    PosExtern ();
    SpielerA.Pos_neu(2,5);
    SpielerA.Ausgabe_Pos("A");
}
```

```
D:\Bibliotheke...
Pos Spieler A [30,40]
Pos Spieler A [20,50]
```

Abbildung 87 – Konstruktor / Destruktor

Der Konstruktor steht innerhalb der Klasse (hier in Zeile 7) und wird formuliert durch das Nennen der Klasse, gefolgt von runden Klammern. Im Anschluss werden die geschwungenen Klammern angefügt, in welchen alle Startwerte genannt werden. Bleiben die runden Klammern leer, dann geschieht die Initialisierung der Variablen für alle Objekte gleichermaßen.

Durch die Verwendung der Funktion *PosExtern( )* in Zeile 25 wird verdeutlicht, dass die Konstruktion und Destruktion einer Klasse im jeweiligen Gültigkeitsbereich geschieht. So gibt es keinen Konflikt zwischen Zeile 27 und 33, obwohl das gleiche passiert.

```
class Musterklasse
{
	int Bsp1, Bsp2;
	float Float1;
	Musterklasse () //Konstruktor ohne Input
	{
		Bsp1 = 0;
		Bsp2 = 0;
		Float1 = 0.0;
	}
}
int main()
{
	Musterklasse Musterobjekt;
}
```

Dieses *Musterobjekt* hat nun die Parameter Bsp1, Bsp2, Float1, welche alle Null betragen.

Es ist auch die Möglichkeit vorhanden, bei dem Initialisieren direkt Werte weiterzugeben. Es können also mehrere Konstruktoren definiert werden. Je nachdem, welcher beim Initialisieren verwendet wird, hat die Instanz andere Startparameter.

```
class Musterklasse
{
        int Bsp1, Bsp2;
        float Float1;
        Musterklasse (int A, intB) //Kons. mit Input
        {
                Bsp1 = A;
                Bsp2 = B;
                Float1 = 0.0;
        }
}
int main()
{
        Musterklasse Muster(A,B);
        /* alternativ:
        Musterklasse Muster = Musterklasse (A,B) */
}
```

5.5 Vererbung

Ebenfalls geläufig ist die Nutzung einer Vererbung. Im Wesentlichen werden dabei alle Inhalte einer bestehenden Klasse an eine weitere weitergegeben.

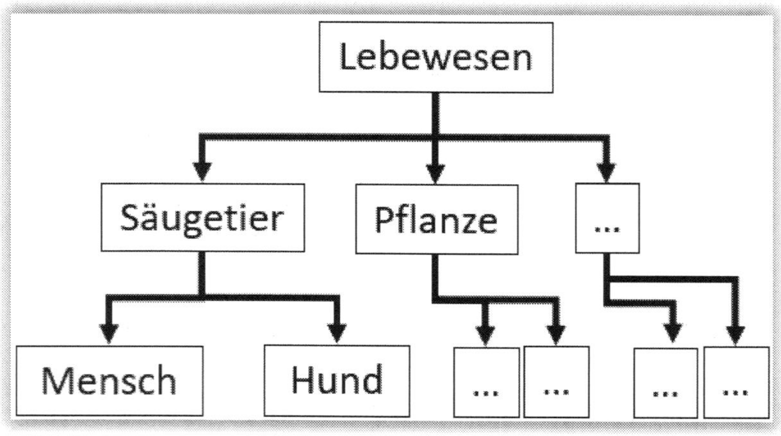

Abbildung 88 – Vererbung Schaubild

Jedes Lebewesen hat bestimmte Attribute. Da sowohl ein Säugetier, als auch eine Pflanze Lebewesen sind, gibt es bestimmte Eigenschaften, die sie teilen oder unterscheidet. In der übergeordneten Klasse *Lebewesen* können also die Gemeinsamkeiten aufgezeigt werden, und in der Unterklasse die Unterschiede, also was z.B. Säugetiere auszeichnet. Durch die Vererbung der Überklasse kann das erneute Nennen der Lebewesen - Attribute vermieden werden. Die mögliche Strukturierung bleibt gut lesbar und übersichtlich.

In der Syntax sieht das so aus:

```
class Lebewesen
{
public:
      int Masse = 0;
      void Wachsen (){}
      [...]
};

class Saeugetier : public Lebewesen
{
public:
      int Lungenvolumen;
      [...]
};

class Mensch : public Saeugetier
{
      int Koerpergroesse;
      [...]
};

int main()
{
      Mensch Mustermensch;
      Mustermensch.Masse = 85;
}
```

Übung – Anlegen einer Bestellliste

Legen Sie eine Datenstruktur an und führen Sie mit der Konsole einen Bestelldialog durch, der die üblichen Haushaltseinkäufe einer imaginären Person automatisiert. Diese Übung ist angelehnt an das Zukunftskonzept *selbstfüllender Kühlschrank*. Das Schreiben eines Einkaufszettels wird damit obsolet und außerdem ist der Ablauf deutlich angenehmer. Die errechnete Summe kann theoretisch in den Haushaltsfinanzplan mit einfließen.

Der Programmablauf umfasst die Eingabe der Bedarfsmenge verschiedener abgefragter Produkte durch den Nutzer. Unterstützend soll in dem Programm eine Packungsgröße hinterlegt sein. Wird ein Bedarfswert eingegeben, den die Packungsgröße nicht zulässt, soll rückfragend ermittelt werden, ob auf- oder abgerundet werden soll. Abschließend, nach der Bedarfsabfrage, wird folgende Tabelle ausgegeben, exklusive der Packungsgröße. Statt dem Einzelpreis (Netto / Brutto) soll die Summe des jeweiligen Bestellwerts ausgegeben werden. In der letzten Zeile erfolgt die Ausgabe der Gesamtsumme. Für den Fall, dass die Bestellmenge eines Artikels gleich Null ist, soll diese Ausgabe auf der Liste unterlassen werden.

Name	Bedarf (Eingabe)	Einzel- / Kg-Preis (Brutto)	Produkt-Mwst. (16%)	Einzel- / Kg-Preis (Netto)	Packungsgröße
Eier	[Anzahl]	0,3€	Auto	Auto	6 || 10
Reis	[kg]	1,93€	Auto	Auto	1 kg
Hummus	[kg]	4,98€	Auto	Auto	250g
Vollkorn-tortilla	[kg]	6,41€	Auto	Auto	320g
Bier Flasche (0,5l)	[Anzahl]	0,90€	Auto	Auto	1
Neuer Artikel	*?*	*?*	*?*	*?*	*?*
					Summe Gesamt (Netto)
					Summe Mehrwertsteuer
					Summe Gesamt (Brutto)

Auf der folgenden Seite gibt es weitere vorbereitende Worte.

Hinweis:

Diese Übung ist ausführlicher als sie zunächst wirkt. Der bisherige Inhalt wird größtenteils relevant sein.

Ansporn:

Bei Eiern gibt es bekannterweise zwei Standardpackungsgrößen (6 oder 10). Wie könnte ein automatisiertes Korrekturverhalten der Bedarfseingabe funktionieren? Beginnen Sie mit der Übung.

Gegeben:

```
abs([Wert]) //Liefert den [Wert], ohne Vorzeichen.

// Tipps für Nutzereingaben. Kombinieren Sie folgende Syntax - Elemente für eine fehlerfrei Eingabe.

[Benennung]:
[...Code...]
goto [Benennung]; //Ermöglicht ein Zurückspringen
                    im Code

fflush(stdin); //Löscht den Tastatur-Eingabepuffer

cin.fail();      //Prüft eine Eingabe auf Errors

cin.clear();     //Error Eintragungen müssen
                   wieder gelöscht werden.
```

```
#include <iomanip> //Ermöglicht Fließkommazahlen-
                                  manipulation

std::fixed  //Dieser Präfix führt zur (gewohnten)
            Festkommaschreibweise.

std::setprecision(n);      //Bestimmt die Genauig-
keit n, welche dargestellt werden soll.

//Anwendungsbeispiel:

cout<<std::fixed<<std::setprecision(2)<<SummeNET;

//Umwandlung von float zu int: Wenn nur der voran-
gehende Wert, ohne Nachkommastellen, relevant ist,
dann kann ein int - Wert auf folgende Art gleich-
gesetzt werden:

float f = 3.14156;

int i = (int)f;   //i = 3
```

Musterlösung:

```
Ihre woechentliche Lebensmittelbestellung steht bevor
Bitte geben Sie die jeweilige Bedarfsmenge ein.
HINWEIS: Kommazahlen werden mit einem PUNKT dargestellt!
Eier     [Anzahl]: 25
Diese Menge ist nicht verfuegbar.
Moechten Sie lieber [A]-> 24[Anzahl] oder [B]-> 30[Anzahl] Eier     ?
Bitte geben Sie A oder B ein.   b
Reis     [kg]    : 2.5
Diese Menge ist nicht verfuegbar.
Moechten Sie lieber [A]-> 2[kg]     oder [B]-> 3[kg]     Reis     ?
Bitte geben Sie A oder B ein.   b
Hummus   [kg]    : .5
Tortilla [kg]    : 1
Diese Menge ist nicht verfuegbar.
Moechten Sie lieber [A]-> 0.96[kg]     oder [B]-> 1.28[kg]     Tortilla?
Bitte geben Sie A oder B ein.   c
Wie bitte?     b
Bier     [Anzahl]: 20
```

Abbildung 89 – Beispieleingabe Bestellmenge

```
PRODUKT        Bedarf  [Einheit]      Summe Brutto   Summe Mwst.    Summe Netto

Eier           30.00   [Anzahl]       9.00           1.44           7.56
Reis           3.00    [kg]           5.79           0.93           4.86
Hummus         0.50    [kg]           2.49           0.40           2.09
Tortilla       1.28    [kg]           8.20           1.31           6.89
Bier           20.00   [Anzahl]       18.00          2.88           15.12
                       ----------------------
                       Gesamt NETTO   36.53

                       Gesamt MWST    6.96

                       GESAMT BRUTTO  43.48
```

Abbildung 90 – Beispielausgabe Bestellliste

main.cpp

```cpp
#include "structs.h"

int main()
{
cout << "Ihre woechentliche Lebensmittelbestellung steht
cout << "Bitte geben Sie die jeweilige Bedarfsmenge ein.
cout << "HINWEIS: Kommazahlen werden mit einem PUNKT dar
//Aufrufen Konstruktor:
Artikel  Eier    ("Eier     ","[Anzahl]",0.3,6,10);
Artikel  Reis    ("Reis     ","[kg]     ",1.93,0,1);
Artikel  Hummus  ("Hummus   ","[kg]     ",4.98,0,0.25);
Artikel  Tortilla("Tortilla","[kg]     ",6.41,0,0.32);
Artikel  Bier    ("Bier     ","[Anzahl]",0.9,0,1);
//Abfrage Menge:
Eier.    Abfrage_Bedarf();
Reis.    Abfrage_Bedarf();
Hummus.  Abfrage_Bedarf();
Tortilla.Abfrage_Bedarf();
Bier.    Abfrage_Bedarf();
//Berechnung Werte:
float Gesamt_Summe;
                Eier.    Berechnung_Ausgabe();
                Reis.    Berechnung_Ausgabe();
                Hummus.  Berechnung_Ausgabe();
                Tortilla.Berechnung_Ausgabe();
Gesamt_Summe =  Bier.    Berechnung_Ausgabe();
//Ausgabe Tabelle
cout << "_______________________________________________
cout << "\nPRODUKT\t\tBedarf\t[Einheit]\tSumme Brutto\tS
cout << "_______________________________________________
Eier.    PrintLine();
Reis.    PrintLine();
Hummus.  PrintLine();
Tortilla.PrintLine();
Bier.    PrintLine();
cout<<"\t\t\t____________________"<<endl;
cout<<"\t\t\tGesamt NETTO\t"   <<fixed<<setprecision(2)<
cout<<"\n\t\t\tGesamt MWST\t"  <<fixed<<setprecision(2)<
cout<<"\n\t\t\tGESAMT BRUTTO\t"<<fixed<<setprecision(2)<
return 0;
}
```

Abbildung 91 – main.cpp //Bestellliste

Der Hauptprogrammablauf ist angelehnt an die Aufgabenstellung.

Indirekt, durch *#include "structs.h"* sind folgende Header enthalten:

```
#include <iostream>
#include <String>
#include <iomanip>

#define cout std::cout
#define cin std::cin
#define endl std::endl
#define string std::string
#define setprecision std::setprecision
#define fixed std::fixed
```

Abbildung 92 – Header //Bestellliste

<u>Zeile 9 – 13:</u> Zunächst werden diverse Artikel - Objekte erzeugt und dabei der Konstruktor aufgerufen. Die erforderlichen Werte können zugleich an ihn weitergegeben werden.

<u>Zeile 15 – 26:</u> Anhand einer Methode werden die jeweiligen Bedarfsmengen ermittelt. Der Pointer aus Zeile 20 ist notwendig um die Gesamtsumme nach der letzten Berechnung abzufangen. Auf den ersten Blick ist unersichtlich, wie das funktioniert. Ein Blick in die Funktion *Berechnung_Ausgabe( );* ist erforderlich.

<u>Zeile 15 – 26:</u> Mithilfe der ermittelten Werte kann abschließend eine Bestellliste ausgegeben werden. Das struct, das dazu verwendet wird, sieht folgendermaßen aus:

structs.h

```
12 struct Artikel
13 {
14     string Name;
15     string Einheit;
16     float Bedarf;
17     float Einzelpreis_Brutto;
18     float Packungsgroesse [2];
19     float Bedarf_Vorschlag [2];
20     float Summe_Brutto;
21     float Summe_Mwst;
22     float Summe_Netto;
23 //Konstruktor:
24     Artikel(string Produkt, string Messgroesse,
25             float Einzelpreis, float Packungsgroesse_0,
26             float Packungsgroesse_1)
27     {
28         Name = Produkt;
29         Einheit = Messgroesse;
30         Einzelpreis_Brutto = Einzelpreis;
31         Packungsgroesse[0]=Packungsgroesse_0;
32         Packungsgroesse[1]=Packungsgroesse_1;
33     }
34 //Methoden:
35     void Abfrage_Bedarf();
36     void Korrektur_Bedarf();
37     bool PruefePackungsgroesse();
38     float* Berechnung_Ausgabe();
39     void Berechnung_Gesamt();
40     float Netto (float&Brutto)  {return Brutto*0.84;}
41     float Mwst  (float&Brutto)  {return Brutto*0.16;}
42     void PrintLine();
43 };
44
```

Abbildung 93 – struct Artikel

Es reicht zunächst, die Methoden innerhalb des struct zu deklarieren. Diese können innerhalb, wie in Zeile 40 / 41, oder außerhalb, z.B. in einer neuen .cpp – Datei, formuliert werden. Dazu wird der Bezugsoperator ‚ :: ‘ mit vorangestelltem

Definitionsbereich benötigt.

struct_Funktionen.cpp

```
#include "structs.h"

    void Artikel::Abfrage_Bedarf()
    {
        bool Korrektur;
        cout<<Name<<" "<<Einheit<<": ";
        EingabeMenge:
        fflush(stdin);
        cin >> Bedarf;
        if (cin.fail())
        {
            cin.clear();
            cout<<"Wie bitte?\t";
            goto EingabeMenge;
        }
        Korrektur = PruefePackungsgroesse();
        if (Korrektur == 0)
        {
            Korrektur_Bedarf();
        }
    }

    bool Artikel::PruefePackungsgroesse()
    {

    void Artikel::Korrektur_Bedarf()
    {

    float* Artikel::Berechnung_Ausgabe()
    {

    void Artikel::PrintLine()
    {
```

Abbildung 94 – struct Methoden

In Abbildung 91 (S.140) ist die Funktion *Abfrage_Bedarf( )* für jedes Objekt aufgerufen worden. (Zudem auch die Funktionen *Berechnung_Ausgabe( )* und *PrintLine( ).)*

Um sicherzustellen, dass die Bedarfsabfrage ordnungsgemäß funktioniert wird in Zeile 8 vorsorglich der Eingabepuffer geleert. Für den Fall einer Fehleingabe wird durch Zeile 10 ein Rücksprung eingeleitet (Zeile 14). Davor wird der Fehlerspeicher wieder gelöscht und der Nutzer auf eine Neueingabe vorbereitet (Zeile 12&13). Bei dieser Vorgehensweise handelt es sich um einen Handgriff der in ähnlichen Situationen immer wieder erforderlich ist.

Gibt der Nutzer einen theoretisch korrekten Wert ein, so findet dennoch ein Abgleich mit der Packungsgröße statt (Zeile 16). Ist die Eingabe valide, wird die If-Verzweigung (Zeile 17) ignoriert und die Funktion direkt verlassen. Als Hilfswert dient die boolesche Variable *Korrektur* (Zeile 5).

Das Überprüfen der Packungsgröße wird durch die verschiedenen Produktegrößen und Einheiten erschwert. Eine Möglichkeit ist folgende:

```
23 bool Artikel::PruefePackungsgroesse()
24 {
25     float*Vorschlag = Bedarf_Vorschlag;
26     float Teiler;              //Teiler mit Nachkommastellen
27     int Teiler_int;            //Teiler ohne Nachkommastellen
28 
29     for (int i=0; i<2; i++)
30     {
31         if (Bedarf == 0)
32         {   //Wenn Bedarf Null, exit Funktion hier.
33             return true;
34         }
35         Teiler = Bedarf / Packungsgroesse[i];
36         Teiler_int = (int)Teiler;
37         if (Teiler == Teiler_int)
38         {   //Wenn Bedarf korrekt, exit Funktion hier.
39             return true;
40         }
41     }
42     cout<<"Diese Menge ist nicht verfuegbar.\n";
43     //Berechnung Vorschläge, wenn nur 1 Packungsgröße
44     if (Packungsgroesse[0]== 0 || Packungsgroesse[1]== 0)
45     {   for (int i=0; i<2; i++)
46         {   if (Packungsgroesse[i]!=0)
47             {
48                 Teiler = Bedarf / Packungsgroesse[i];
49                 Teiler_int = (int)Teiler;
50                 Vorschlag[0] = Teiler_int*Packungsgroesse[i];
51                 Vorschlag[1] = (Teiler_int+1)*Packungsgroesse[i];
52             }
53         }
```

Abbildung 95 – PruefePackungsgroesse( ) //Teil 1

<u>Zeile 25 – 41:</u> Im ersten Bereich wird überprüft, ob die Nutzereingabe *Bedarf* ein möglicher Teiler der Packungsgröße ist und dadurch die Funktion in Zeile 39 verlassen werden kann.

Wenn nicht, kommt direkt danach der Hinweis, dass es sich nicht um eine mögliche Bestellmenge handelt. Weiterhin gibt es zwei verbleibende Szenarien. Es gibt nur eine oder zwei verschiedene Packungsgrößen. Eier gibt es in 6er oder 10er Ausführung.

Zeile 44 – 54 prüft erstes Szenario. Die vorgeschlagenen Werte ergeben sich durch Abrunden oder Aufrunden des indirekt eingegebenen Faktors.

```
55      else
56      {
57          float Differenzen [2][2];   //Differenz zu Bedarf-Eingabe
58          for (int i=0; i<2; i++)
59          {   Teiler = Bedarf / Packungsgroesse[i];
60              Teiler_int = (int)Teiler;
61
62              for (int j=0; j<2; j++)     //Dokumentation Differenzen zu Bedarf.
63              {Differenzen[i][j] = abs(Bedarf-(Teiler_int+j)*Packungsgroesse[i]);}
64
65              if (Differenzen[i][0]<Differenzen[i][1])
66              {Vorschlag[i] = Teiler_int*Packungsgroesse[i];}
67              else
68              {Vorschlag[i] = (Teiler_int+1)*Packungsgroesse[i];}
69          }
70      }
71      return false;
72  }
```

Abbildung 96 - PruefePackungsgroesse( ) //Teil 2

Zeile 55 – 70 wiederum prüft das zweite Szenario. Der Algorithmus nutzt die Tatsache, dass es insgesamt vier naheliegende Werte gibt. Es werden die zwei kleinsten ausgewählt.

```
74 void Artikel::Korrektur_Bedarf()
75 {
76     char Wahl [2];
77     cout<<"Moechten Sie lieber [A]-> " << Bedarf_Vorschlag[0] << Einheit;
78     cout<<" oder [B]-> "<<Bedarf_Vorschlag[1]<<Einheit<<" "<<Name<<"?\n";
79     cout<<"Bitte geben Sie A oder B ein.\t";
80     Zeicheneingabe:
81     fflush(stdin);
82     cin.get(Wahl, 2);
83     if (cin.fail()) {cin.clear();}
84     if ((Wahl[0]=='A') || (Wahl[0]=='a'))
85     {
86         Bedarf = Bedarf_Vorschlag[0];
87     }
88     else if ((Wahl[0]=='B') || (Wahl[0]=='b'))
89     {
90         Bedarf = Bedarf_Vorschlag[1];
91     }
92     else
93     {
94         cout<<"Wie bitte?\t";
95         goto Zeicheneingabe;
96     }
97 }
```

Abbildung 97 – Korrektur_Bedarf( )

Welcher der zwei Vorschläge gewählt wird, entscheidet der Nutzer. Der eingegebene Wert *Bedarf* wird entweder in Zeile 86 oder 90 überschrieben. Im Anschluss findet eine Rechnung statt:

```
float* Artikel::Berechnung_Ausgabe()
{
    Summe_Brutto= Bedarf * Einzelpreis_Brutto;
    Summe_Mwst  = Bedarf * Mwst(Einzelpreis_Brutto);
    Summe_Netto = Bedarf * Netto(Einzelpreis_Brutto);
    static float Gesamt_Summe[3];
    Gesamt_Summe[0] += Summe_Netto;
    Gesamt_Summe[1] += Summe_Mwst;
    Gesamt_Summe[2] += Summe_Brutto;
    return Gesamt_Summe;
}
```

Abbildung 98 – Berechnung_Ausgabe( )

Dank der static – Werte (Zeile 104) kann die Gesamtsumme bei jedem Aufrufen der Funktion, egal von welchem Objekt, stets aktualisiert werden. Um von der Hauptfunktion darauf zugreifen zu können, wird der Array – Pointer ausgegeben.

```
void Artikel::PrintLine()
{
    if (Bedarf!=0)
    {
        cout<<Name << "\t" <<fixed
            <<setprecision(2)<<Bedarf<<"\t"
            <<Einheit<<"\t"
            <<setprecision(2)<<Summe_Brutto<<"\t\t"
            <<setprecision(2)<<Summe_Mwst<<"\t\t"
            <<setprecision(2)<<Summe_Netto<<endl;
    }
}
```

Abbildung 99 – PrintLine( )

Eine Zeilen - Ausgabe für Werte ungleich Null mit zwei Nachkommastellen geschieht wie in dieser Abbildung.

main.cpp

```
#include "structs.h"
int main()
{
cout << "Ihre woechentliche Lebensmittelbestellung
steht bevor" << endl;
cout << "Bitte geben Sie die jeweilige Bedarfsmenge
ein." << endl;
cout << "HINWEIS: Kommazahlen werden mit einem
PUNKT dargestellt!" << endl;
//Aufrufen Konstruktor:
Artikel Eier    ("Eier     ","[Anzahl]",0.3,6,10);
Artikel Reis    ("Reis     ","[kg]     ",1.93,0,1);
Artikel     Hummus      ("Hummus       ","[kg]
",4.98,0,0.25);
Artikel                 Tortilla("Tortilla","[kg]
",6.41,0,0.32);
Artikel Bier    ("Bier     ","[Anzahl]",0.9,0,1);
//Abfrage Menge:
Eier.    Abfrage_Bedarf();
Reis.    Abfrage_Bedarf();
Hummus.  Abfrage_Bedarf();
Tortilla.Abfrage_Bedarf();
Bier.    Abfrage_Bedarf();
//Berechnung Werte:
float*Gesamt_Summe;
                Eier.    Berechnung_Ausgabe();
```

```
                Reis.    Berechnung_Ausgabe();
                Hummus.  Berechnung_Ausgabe();
                Tortilla.Berechnung_Ausgabe();
Gesamt_Summe =  Bier.    Berechnung_Ausgabe();
//Ausgabe Tabelle
cout                                                  <<
"__________________________________________________
____________________________________"<<endl;
cout   <<   "\nPRODUKT\t\tBedarf\t[Einheit]\tSumme
Brutto\tSumme Mwst.\tSumme Netto"<<endl;
cout                                                  <<
"__________________________________________________
____________________________________"<<endl;
Eier.     PrintLine();
Reis.     PrintLine();
Hummus.   PrintLine();
Tortilla.PrintLine();
Bier.     PrintLine();
cout<<"\t\t\t_____________________"<<endl;
cout<<"\t\t\tGesamt NETTO\t"   <<fixed<<setpreci-
sion(2)<<Gesamt_Summe[0]<<endl;
cout<<"\n\t\t\tGesamt MWST\t"  <<fixed<<setpreci-
sion(2)<<Gesamt_Summe[1]<<endl;
cout<<"\n\t\t\tGESAMT BRUTTO\t"<<fixed<<setpreci-
sion(2)<<Gesamt_Summe[2]<<endl;
return 0;
}
```

structs.h

```
#include <iostream>
#include <String>
#include <iomanip>

#define cout std::cout
#define cin std::cin
#define endl std::endl
#define string std::string
#define setprecision std::setprecision
#define fixed std::fixed

struct Artikel
{
    string Name;
    string Einheit;
    float Bedarf;
    float Einzelpreis_Brutto;
    float Packungsgroesse [2];
    float Bedarf_Vorschlag [2];
    float Summe_Brutto;
    float Summe_Mwst;
    float Summe_Netto;
//Konstruktor:
    Artikel(string Produkt, string Messgroesse,
            float Einzelpreis, float Packungsgro-
esse_0,
```

```
            float Packungsgroesse_1)
    {
        Name = Produkt;
        Einheit = Messgroesse;
        Einzelpreis_Brutto = Einzelpreis;
        Packungsgroesse[0]=Packungsgroesse_0;
        Packungsgroesse[1]=Packungsgroesse_1;
    }
//Methoden:
    void Abfrage_Bedarf();
    void Korrektur_Bedarf();
    bool PruefePackungsgroesse();
    float* Berechnung_Ausgabe();
    void Berechnung_Gesamt();
    float   Netto   (float&Brutto)       {return
Brutto*0.84;}
    float   Mwst      (float&Brutto)       {return
Brutto*0.16;}
    void PrintLine();
};
```

struct_Funktionen.cpp

```
#include "structs.h"
void Artikel::Abfrage_Bedarf()
{
    bool Korrektur;
    cout<<Name<<" "<<Einheit<<": ";
    EingabeMenge:
    fflush(stdin);
    cin >> Bedarf;
    if (cin.fail())
    {
        cin.clear();
        cout<<"Wie bitte?\t";
        goto EingabeMenge;
    }
    Korrektur = PruefePackungsgroesse();
    if (Korrektur == 0)
    {
    Korrektur_Bedarf();
    }
}

bool Artikel::PruefePackungsgroesse()
{
    float*Vorschlag = Bedarf_Vorschlag;
    float Teiler;     //Teiler mit Nachkommastellen
    int Teiler_int; //Teiler ohne Nachkommastellen
```

```
    for (int i=0; i<2; i++)
    {
        if (Bedarf == 0)
        {  //Wenn Bedarf Null, exit Funktion hier.
            return true;
        }
        Teiler = Bedarf / Packungsgroesse[i];
        Teiler_int = (int)Teiler;
        if (Teiler == Teiler_int)
        {   //Wenn Bedarf korrekt, exit Funktion
hier.
        return true;
        }
    }
    cout<<"Diese Menge ist nicht verfuegbar.\n";
    //Berechnung Vorschläge, wenn nur 1 Packungs-
größe
    if (Packungsgroesse[0]== 0 || Packungsgro-
esse[1]== 0)
    {   for (int i=0; i<2; i++)
        {   if (Packungsgroesse[i]!=0)
            {
                Teiler = Bedarf / Packungsgro-
esse[i];
                Teiler_int = (int)Teiler;
                Vorschlag[0] = Teiler_int*Pa-
ckungsgroesse[i];
```

```
                Vorschlag[1] = (Teiler_int+1)*Pa-
ckungsgroesse[i];
            }
        }
    }//Berechnung Vorschläge, 2Packungsgrößen
    else
    {
    float Differenzen [2][2];   //Differenz zu Be-
darf-Eingabe
    for (int i=0; i<2; i++)
        {   Teiler = Bedarf / Packungsgroesse[i];
            Teiler_int = (int)Teiler;

            for (int j=0; j<2; j++) //Dokumenta-
tion Differenzen zu Bedarf.
            {Differenzen[i][j] = abs(Bedarf-(Tei-
ler_int+j)*Packungsgroesse[i]);}
            if      (Differenzen[i][0]<Differen-
zen[i][1])
            {Vorschlag[i] = Teiler_int*Packungs-
groesse[i];}
            else
            {Vorschlag[i]   =   (Teiler_int+1)*Pa-
ckungsgroesse[i];}
        }
    }
    return false;
}
```

```
void Artikel::Korrektur_Bedarf()
{
    char Wahl [2];
    cout<<"Moechten Sie lieber [A]-> " << Bedarf_Vorschlag[0] << Einheit;
    cout<<" oder [B]-> "<<Bedarf_Vorschlag[1]<<Einheit<<" "<<Name<<"?\n";
    cout<<"Bitte geben Sie A oder B ein.\t";
    Zeicheneingabe:
    fflush(stdin);
    cin.get(Wahl, 2);
    if (cin.fail()) {cin.clear();}
    if ((Wahl[0]=='A') || (Wahl[0]=='a'))
    {
        Bedarf = Bedarf_Vorschlag[0];
    }
    else if ((Wahl[0]=='B') || (Wahl[0]=='b'))
    {
        Bedarf = Bedarf_Vorschlag[1];
    }
    else
    {
        cout<<"Wie bitte?\t";
        goto Zeicheneingabe;
    }
}

float* Artikel::Berechnung_Ausgabe()
```

```
{
    Summe_Brutto= Bedarf * Einzelpreis_Brutto;
    Summe_Mwst      =    Bedarf    *    Mwst(Einzel-
preis_Brutto);
    Summe_Netto    =    Bedarf    *    Netto(Einzel-
preis_Brutto);
    static float Gesamt_Summe[3];
    Gesamt_Summe[0] += Summe_Netto;
    Gesamt_Summe[1] += Summe_Mwst;
    Gesamt_Summe[2] += Summe_Brutto;
    return Gesamt_Summe;
}
void Artikel::PrintLine()
{
    if (Bedarf!=0)
    {
        cout<<Name << "\t" <<fixed
            <<setprecision(2)<<Bedarf<<"\t"
            <<Einheit<<"\t"
            <<setpreci-
sion(2)<<Summe_Brutto<<"\t\t"
            <<setprecision(2)<<Summe_Mwst<<"\t\t"
            <<setprecision(2)<<Summe_Netto<<endl;
    }
}
```

6. Grafische Anwendungen

6.1 Setup wxWidgets

Eine Möglichkeit, die Code::Blocks zur Verfügung stellt, ist die Verwendung der plattformunabhängigen Umgebung wx*Widgets*. Um alle gleichermaßen vorzubereiten, wird im Folgenden das verwendete Setup geschildert.

Verwendet wird wxWidgets-3.0.5, welches unter folgendem Link oder QR Code aufrufbar ist.
https://docs.wxwidgets.org/3.0.5/ [8]

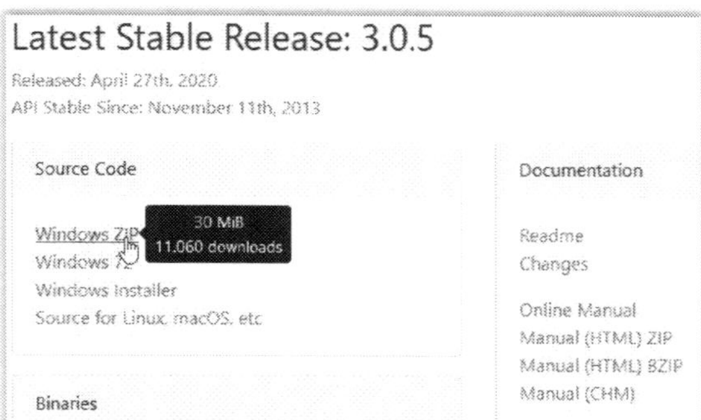

Abbildung 100 – Download WxWidgets

Der Download umfasst, wie in der Abbildung zu sehen, lediglich den Quellcode der WxWidgets - Bibliotheken. Das selbständige kompilieren ist sehr empfehlenswert, weil dadurch das eigene

Setup in sich stimmig ist und eventuelle Compiler - Fehler unwahrscheinlicher sind.

Das heruntergeladene Archiv soll in einem Pfad ohne Leerzeichen abgelegt und entpackt werden. Beispielsweise

- ✓ C:\wxWidgets-3.0.5
- ✗ C:\Program Files\CodeBlocks\WxWidgets-3.0.5

Im Anschluss wird die Eingabeaufforderung / Konsole geöffnet und dieses Verzeichnis mit dem Befehl *cd* (‚change directory') aufgerufen.

```
cd C:\wxWidgets-3.0.5\build\msw
```

In diesem Unterverzeichnis ist die Datei 'makefile.gcc' vorhanden, welche durch den Compiler ‚mingw32-make' aufgerufen werden soll. Bei diesem Schritt wird zeitgleich die Konfiguration angepasst (SHARED=1 MONOLITHIC=1 BUILD=release UNICODE=1). Der Build - Vorgang von WxWidgets wird also mit dieser Konsoleneingabe (Bestätigung mit *Enter*) eingeleitet.

Abbildung 101 – Build WxWidgets

Nun ist etwas Geduld erforderlich. Dieser Vorgang dauert viele Minuten, abhängig von der Rechenleistung des Computers.

6.2 Ein GUI Projekt

Die Abkürzung GUI ist Englisch und bedeutet ‚Grafische Benutzeroberfläche' (‚Graphical User Interace'). Das ist die allgemein bekannte Umsetzung eines auf Nutzer zugeschnittenen Programms. Weitere Erklärungen wären in diesem Fall überflüssig, denn schließlich ist das bisher verwendete Programm Code::Blocks nichts anderes.

Das Plugin, das nun genutzt wird enthält eine Vielzahl an Vorlagen. Darunter Knöpfe und diverse Felder. Erzeugen Sie ein neues Projekt und folgen Sie dabei den folgenden Abbildungen.

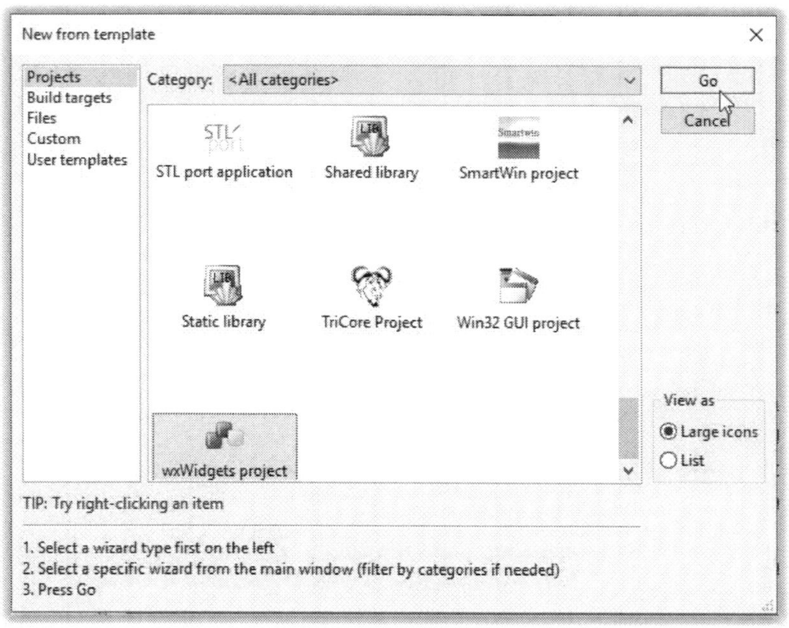

Abbildung 102 – New Project - wxWidgets

Die Beispielinstallation beinhaltet die Version 3.0.5

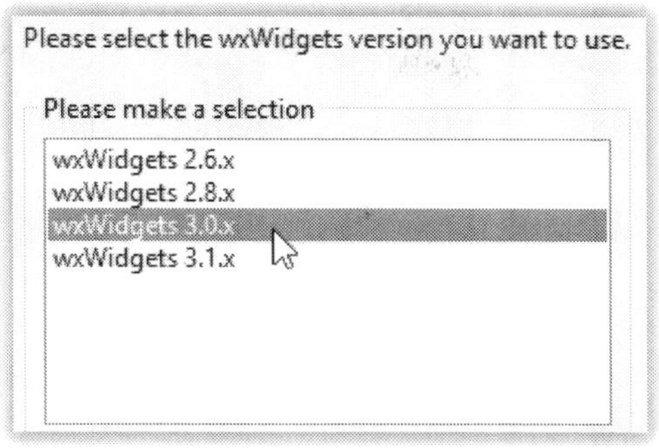

Abbildung 103 – WxWidgets Version

Wie aus vorherigen Projekten bekannt, muss ein Name und Verzeichnis vergeben werden.

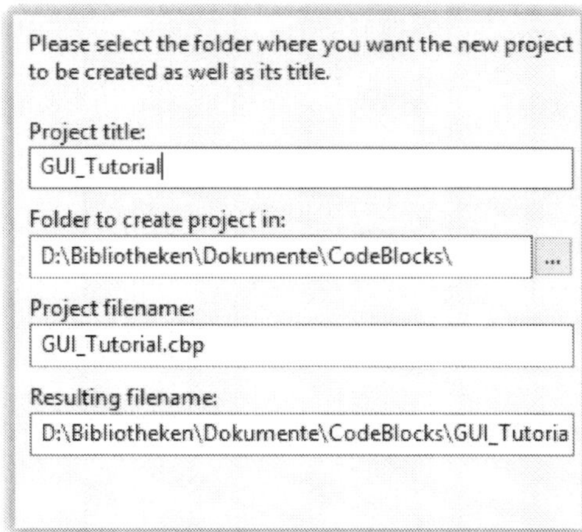

Abbildung 104 – Projekt Titel

Falls beabsichtigt, können diese Informationen hinterlegt werden.

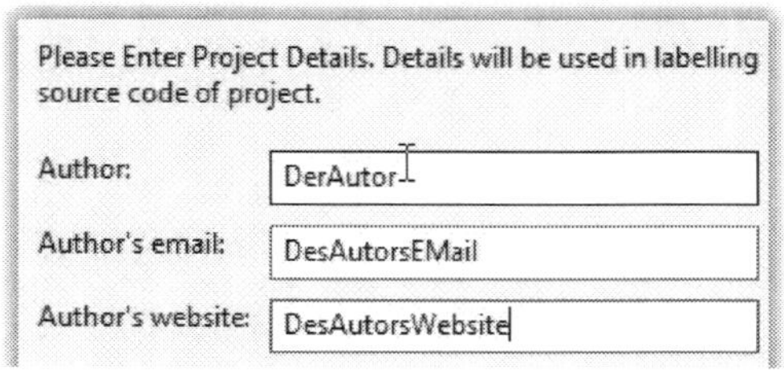

Abbildung 105 – sonstiges über den Autor

Diese Einstellungen werden in der weiteren Erklärung verwendet.

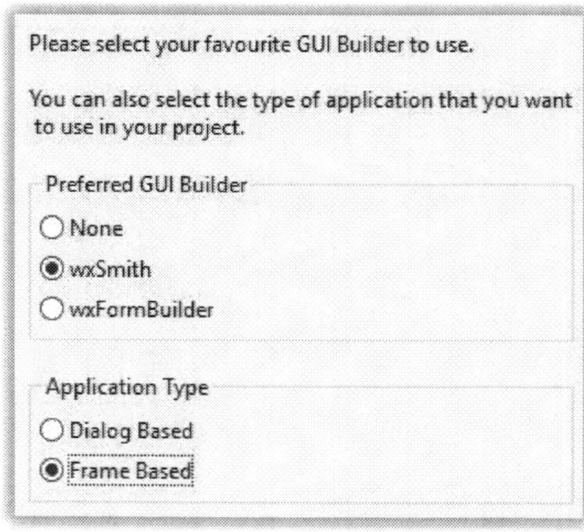

Abbildung 106 – GUI Builder und Anwendungstyp

Der von Ihnen gewählte Installationspfad soll in diesem Schritt angegeben werden.

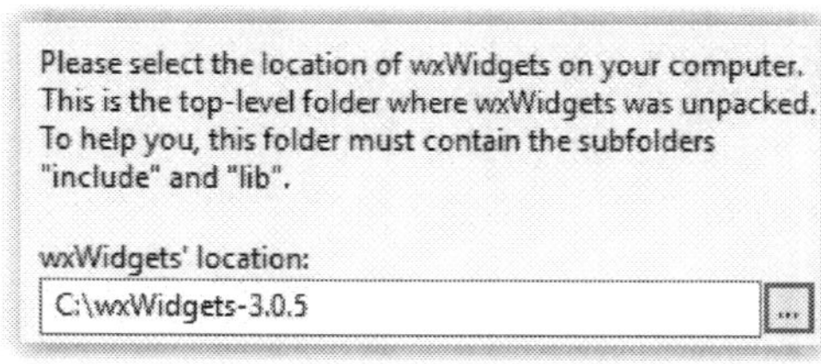

Abbildung 107 – wxWidgets Installationspfad

Es ist der bekannte Compiler zu verwenden.

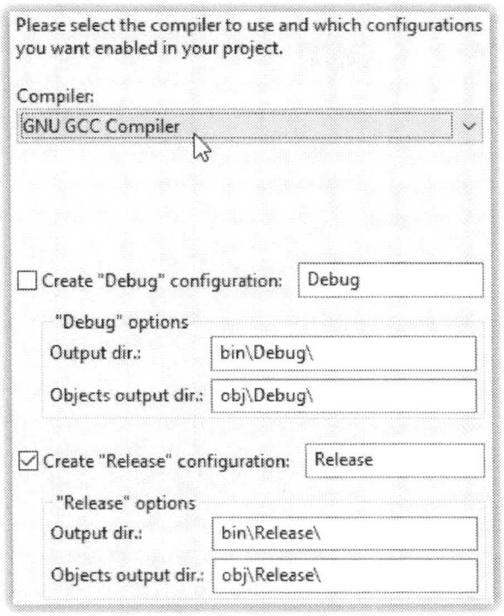

Abbildung 108 – Compiler Konfiguration

Analog zu der Konfiguration beim WxWidgets - Build (siehe Seite 159) ist hier nur eine Release - Variante von Bedeutung.

Die Einstellungen der ‚wxWidgets Library Settings', also die Auswahl der ersten drei Haken muss mit der Build – Konfiguration (siehe Seite 159) übereinstimmen.

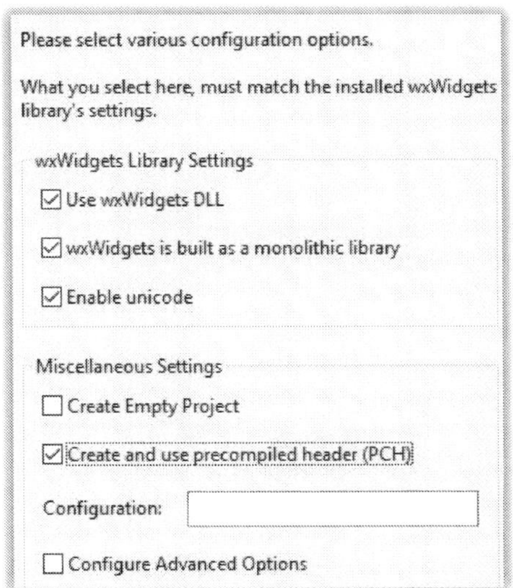

Abbildung 109 – Konfiguration

6.3 Die Benutzeroberfläche

Als erstes fällt auf, dass nun der *Workspace* im *Management* umfangreicher geworden ist. Es ist ein weiterer virtueller Ordner vorhanden, nämlich *Resources.* Was es damit auf sich hat, wird in Kürze klar werden.

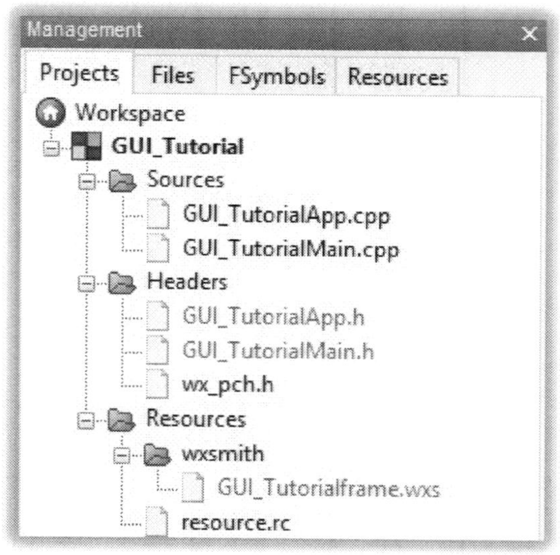

Abbildung 110 - Workspace

Die Datei *GUI_Tutorialframe.wxs* wird standardmäßig bereits geöffnet. Dort kann ein Fenster editiert werden. Verschiedene Felder oder Knöpfe können hinzugefügt werden und mit Aufgaben oder Informationen ausgestattet werden. Das ist äußerst praktisch! So kann ein Gedankenkonstrukt visualisiert werden.

Während das Fenster in dieser .wxs - Datei entwickelt wird,

geschieht in den jeweiligen Source - und Header - Dateien eine Vorbereitung der Syntax, welche anschließend nur noch befüllt werden muss. Folglich ist komplexere Programmierung nicht unbedingt unglaublich aufwändig, die Entwicklungsumgebung hilft auch an dieser Stelle um den Ablauf zu vereinfachen.

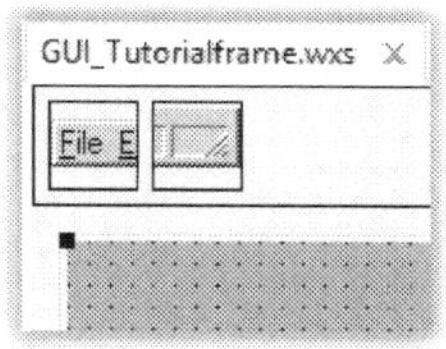

Abbildung 111 – Bearbeitungs- und Statusleiste

Bereits vorbereitete Elemente umfassen eine Editor- und Statusleiste. Auch das ist unter anderem bereits aus anderen Programmen bekannt. Die einzelnen Elemente werden ebenfalls im Bereich *Management,* jedoch unter dem Reiter *Recources* anhand einer Strukturierung aufgeführt.

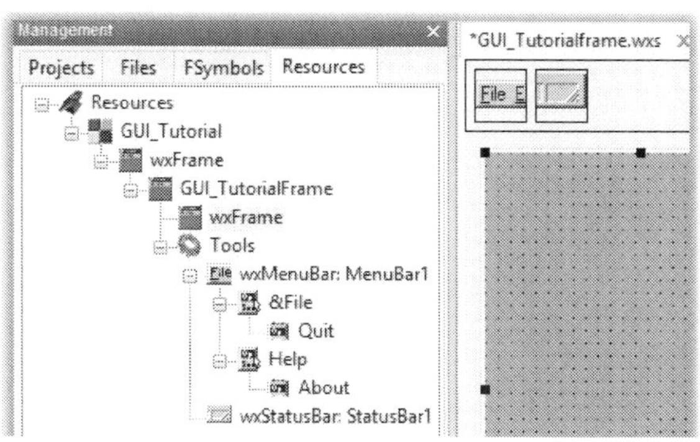

[...]

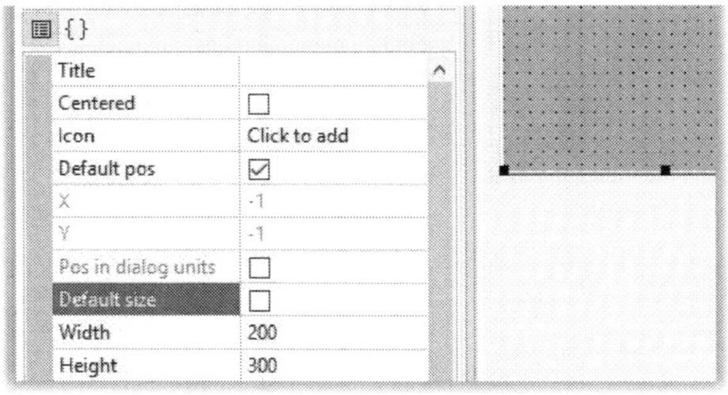

Abbildung 112 - Recources

Im unteren linken Bereich sind in den *Properties* diverse Eigenschaften des ausgewählten Elements, hier das Element *wxFrame,* zur Modifikation aufgelistet. Zum Beispiel der Titel, die Breite und Höhe (Angabe in Pixel). Das gepunktete graue Feld ist der Arbeitsbereich und stellt das spätere Fenster dar. Die Größe ist zwar frei anpassbar, jedoch ist es empfehlenswert mit so genannten *Sizer* zu arbeiten.

Sizer

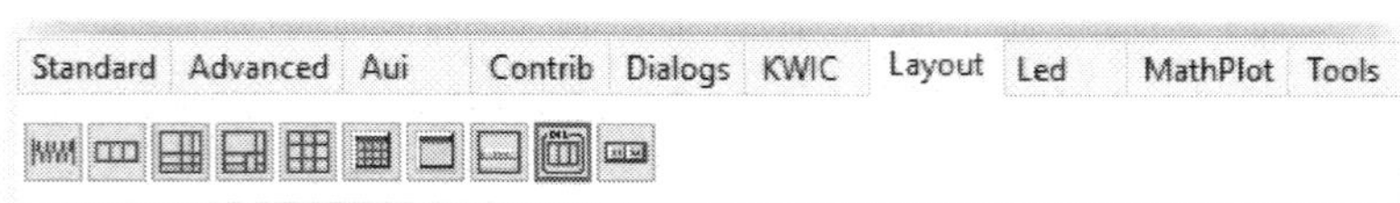

Abbildung 113 – Sizers Layout

Durch Sizer ist es möglich ein funktionierendes plattform-unabhängiges Layout sicher darzustellen. Dabei wird die Fenstergröße dem Inhalt des Fensters angepasst. Die jeweiligen Bilder haben eine selbsterklärende Aussagekraft, denn sie geben wieder, welche Anordnung mit den verschiedenen Layouts ermöglicht wird. Für genauere Infos erscheint beim Darüberfahren mit der Maus zusätzlich ein kleiner Erklärungstext.

Eine der Möglichkeiten ist ein *wxBoxSizer*, hier die zweite Abbildung von links. Um ein Element zum Fenster hinzuzufügen genügt ein Klick darauf mit der linken Maustaste. Im nächsten Schritt gibt es verschiedene Einfügeoptionen. Die dafür vorhandene Toolbar ist standardmäßig im rechten Fensterbereich. Von oben nach unten lauten die Optionen:

Insert new widgets ...

...by pointing with mouse (Mauszeigerposition)

...into current selection (in die aktuelle Auswahl)

...before current selection (vor die Auswahl)

...after current selectio (hinter die Auswahl)

Delete current selection (Auswahl löschen)

Show preview (Vorschaufenster)

Open / Close Quick properties panel (Erklärung folgt)

Abbildung 114 – Insert Toolbar

Widgets

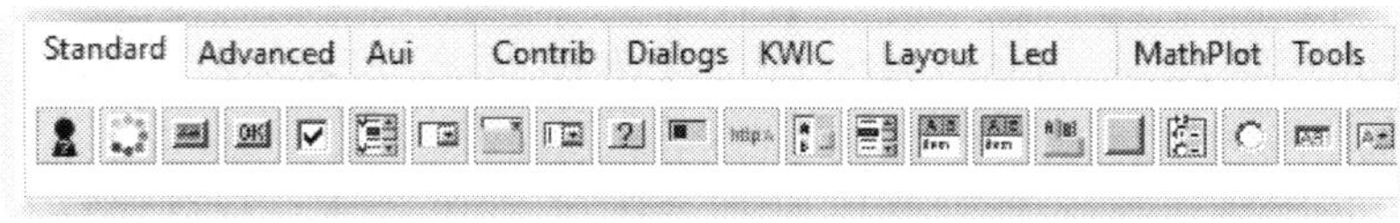

Abbildung 115 – Standard Widgets

Im nächsten Schritt sollen ein Knopf (*wxButton*) hinzugefügt werden. Bei Bedarf kann zunächst noch ein Hintergrundpanel (*wxPanel*) hinzugefügt werden, welches als Hintergrund fungieren kann Die genannten Widgets sind unter der Kategorie *Standard* zu finden.

Der Knopf soll die Größe 250x50 und den Namen „Textausgabe" erhalten. Das *wxFrame* heißt in diesem Beispiel „Hello World".

Im Anschluss sollte die Resources - Struktur ungefähr so aussehen:

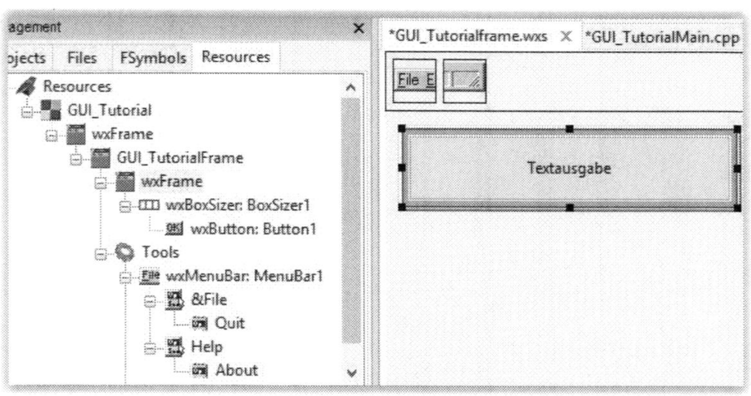

Abbildung 116 – Recources wxFrame

6.4 Hello World!

Das Ziel in diesem Einführbeispiel ist es, anhand eines Knopfdrucks wieder einmal die Nachricht ‚*Hello World*!' auszugeben. Der Programmcode ist durch die WxWidgets - Vorlage bereits weitestgehend vorbereitet. Zwar ist der Inhalt der dazugehören Codesyntax fortgeschritten und es werden bislang unbekannte Sytaxelemente verwendet, jedoch ist es möglich, sich auf das Bekannte zu konzentrieren. Nichtsdestotrotz kann das neue natürlich auch willkommen geheißen werden um den ersten Einblick in komplexere Praxisbeispiele zu erlangen.

Für diesen Inhalt gilt jedoch: Es werden wie bereits bekannt Klassen, Methoden, Variablen und Texte verwendet. Es wird zu erkennen sein, dass die Widgets und Sizer als Klassen definiert sind.

Der zuvor erstellte Knopf „Button1" kann nun verwendet werden um eine Funktion auszuführen. Das geschieht, indem er in der .wxs - Umgebung mit einem Doppelklick angewählt wird oder besser durch das Events - Menü, welches direkt neben den Properties - Einstellungen liegt. Für den Fall, dass bereits eine Methode definiert ist, wird diese nämlich aufgelistet und zur Auswahl vorgeschlagen:

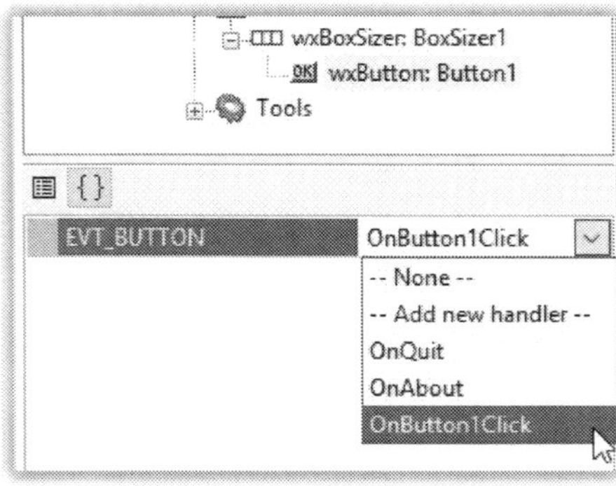

Abbildung 117 – Button 1 Events

Andernfalls kann *– Add new handler* - ausgewählt werden und eine neue Methode definiert werden.

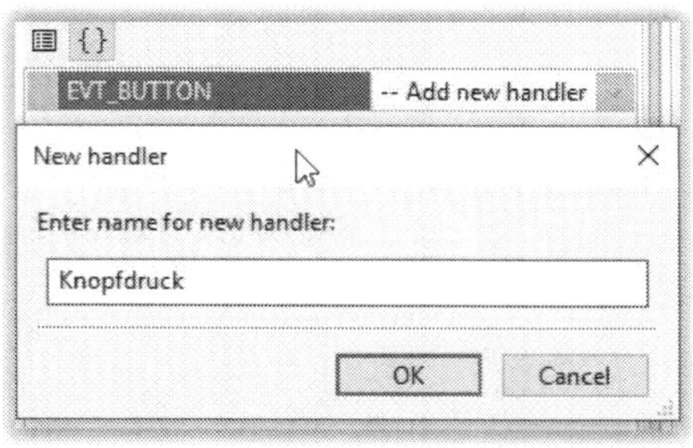

Abbildung 118 – New Handler

In beiden Fällen, wird die jeweilige *...Main.cpp* geöffnet. Dort warten bereits ein paar Methoden. *OnQuit* und *OnAbout* sind bereits vorhanden gewesen und die *OnButton1Click* - Methode ist nun neu dazugekommen (siehe Abbildung 119, S.171).

```
//GUI_TutorialMain.cpp
void GUI_TutorialFrame::OnQuit(wxCommandEvent& event)
{
void GUI_TutorialFrame::OnAbout(wxCommandEvent& event)
{
void GUI_TutorialFrame::OnButton1Click(wxCommandEvent& event)
{
```

Abbildung 119 – Vorgefertigte Methoden

Durch das altbekannte „Probieren geht über Studieren“ lässt sich herausfinden, dass in der *OnAbout* - Methode eine Funktion namens *wxMessageBox()* verwendet wird. Das kann und soll in diesem Beispiel benutzt werden, um dem eigens erstellten *Textausgabe* - Knopf die Ausgabenachricht „Hello World“ zu übergeben.

Als kurze Zwischeninfo:
Die Unterklasse *GUI_TutorialFrame :public wxFrame* und die dazugehörigen Methoden werden in der Header - Datei definiert:

```
//GUI_TutorialMain.h
class GUI_TutorialFrame: public wxFrame
{
    public:

        GUI_TutorialFrame(wxWindow* parent,wxWindowID id = -1);
        virtual ~GUI_TutorialFrame();

    private:

        //(*Handlers(GUI_TutorialFrame)
        void OnQuit(wxCommandEvent& event);
        void OnAbout(wxCommandEvent& event);
        void OnButton1Click(wxCommandEvent& event);
        //*)
```

Abbildung 120 – Main - Header

Beispielsweise kann die *OnButton1Click* - Methode (ähnlich wie die *OnAbout* - Methode) folgendermaßen verwendet werden:

```
//GUI_TutorialMain.cpp
void GUI_TutorialFrame::OnAbout(wxCommandEvent& event)
{
    wxString msg = wxbuildinfo(long_f);
    wxMessageBox(msg, _("Welcome to..."));
}

void GUI_TutorialFrame::OnButton1Click(wxCommandEvent& event)
{
    wxMessageBox("Hello World");
}
```

Abbildung 121 – OnButton1Click - Methode

Das ist zunächst alles. Das Programm kann gebaut und ausgeführt werden. Als Resultat wartet folgendes Fenster und dessen Möglichkeiten.

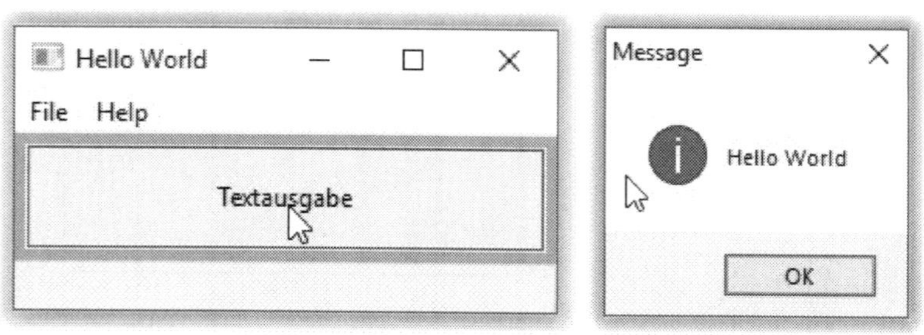

Abbildung 122 – Textausgabe

Zudem kann unter *Help > About (F1)* ein Informationsfenster aufgerufen werden:

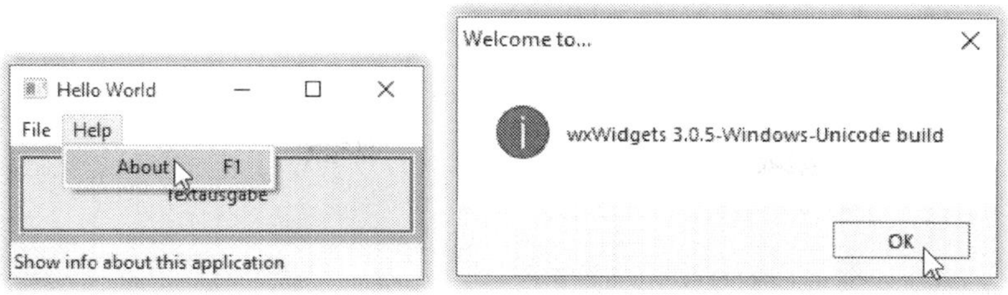

Abbildung 123 – Infofenster

Nun ist es so, dass Informationen nicht grundsätzlich in einem Nachrichtenfenster ausgegeben werden, sondern am besten in einem dafür vorgesehen Feld. Dazu wird die frame.wxs - Vorlage mit einem *wxTextCtrl* - Feld ergänzt.

Abbildung 124 – wxTextCtrl

Beachtenswert ins an dieser Stelle das Quick - Properties - Menü, dessen Zweck in der bisherigen Einführung noch unerklärt gewesen ist. In erster Linie ist dabei der Bereich ‚Placement' wichtig, durch den das Orientierungsverhalten des jeweiligen Elements bestimmt werden kann. Standardmäßig wird es zentrisch dargestellt.

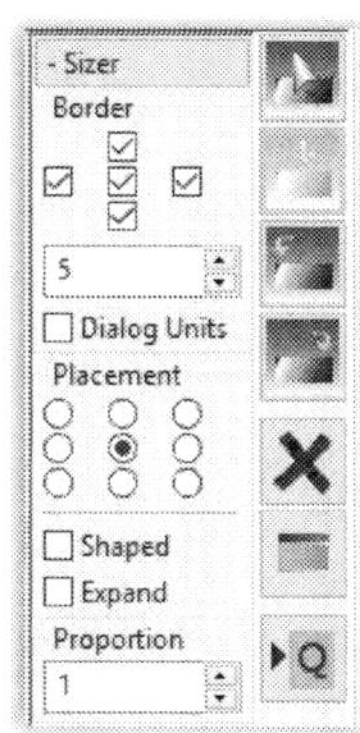

Abbildung 125 – QP

Der Inhalt des Textfelds wird vorher gelöscht. Dabei ist die deklarierte Variable zu sehen, nämlich *TextCtrl1*.

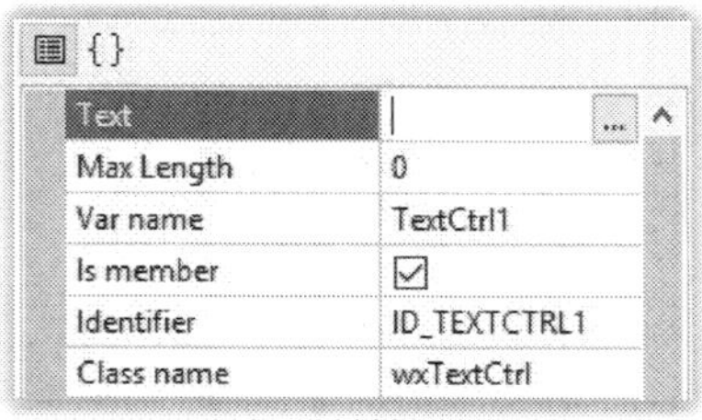

Abbildung 126 – Textfeld

Da es sich standardmäßig um einen Char - Pointer handelt, muss dieser bei der Überschreibung dereferenziert werden, damit der Textinhalt mit der Funktion *SetValue()*verändert werden kann.

```
//GUI_TutorialMain.cpp
void GUI_TutorialFrame::OnButton1Click(wxCommandEvent& event)
{
    (*TextCtrl1).SetValue("Hello World!");
}
```

Abbildung 127 – OnButtonClick1 Hello World Alternative

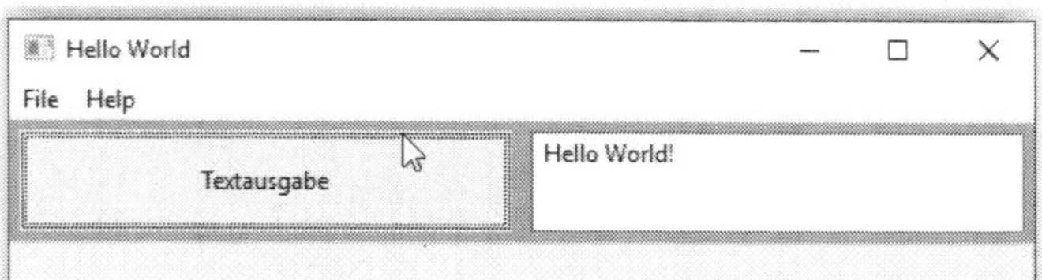

Abbildung 128 – Ausgabe auf Knopfdruck

Fortgeschrittene Übung: Programmieren Sie Ihr erstes Spiel!

Kniffel

Aufgabenstellung

Erstellen Sie eine Konsolen- oder Fensteranwendung, die das Gesellschaftsspiel *Kniffel* darstellt. Dazu gehört

i. Die Definition der Spieler (zwischen 1 und 6)

ii. Die Namensvergabe

iii. Der Spielablauf mit einem Spielfeld

Die Spielregeln

Gegeben ist ein Würfelbecher mit 5 Spielwürfeln. Ein Spielzug besteht aus maximal 3 Würfelvorgängen. Das erste Würfeln findet mit allen Würfeln statt. Nach jedem Würfeln hat der / die Spieler(in) die Aufgabe zu entscheiden, welche Würfel er / sie für die Punktewertung behalten möchte, und welche für den nächsten Würfelvorgang wieder zurück in den Becher sollen. Ziel des

Spiels ist es, die Punktefelder des oberen und unteren Teils mit möglichst großen Werten zu befüllen, um die beste Gesamtpunktzahl zu erreichen. Zum Faktor Glück kommt also eine persönliche Abschätzung hinzu, wie das Beste mit jedem Wurfergebnis erreicht werden kann.

Ist ein Spielzug zu Ende, so rotiert das Spiel zum nächsten Spieler. Die Summe von insgesamt 13 Spielzügen pro Spieler ist durch folgendes Spielblatt fest vorgegeben.

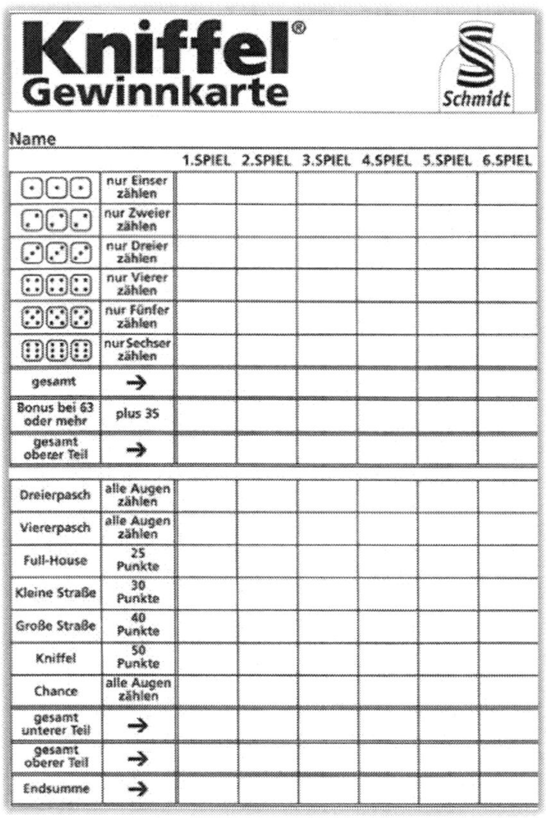
Kniffel®
Gewinnkarte
Schmidt

Name

		1.SPIEL	2.SPIEL	3.SPIEL	4.SPIEL	5.SPIEL	6.SPIEL
	nur Einser zählen						
	nur Zweier zählen						
	nur Dreier zählen						
	nur Vierer zählen						
	nur Fünfer zählen						
	nur Sechser zählen						
gesamt	→						
Bonus bei 63 oder mehr	plus 35						
gesamt oberer Teil	→						
Dreierpasch	alle Augen zählen						
Viererpasch	alle Augen zählen						
Full-House	25 Punkte						
Kleine Straße	30 Punkte						
Große Straße	40 Punkte						
Kniffel	50 Punkte						
Chance	alle Augen zählen						
gesamt unterer Teil	→						
gesamt oberer Teil	→						
Endsumme	→						

Abbildung 129 – Kniffel Spielblatt [9]

In der ersten Spalte steht jeweils die Kategorie, bzw. die Regel unter welcher die Eintragung der vorhandenen Augen (= Würfelpunkte) möglich ist. Die dabei zu vergebenden Punkte sind generell in der zweiten Spalte definiert.

Der obere Teil:

In den oberen sechs Feldern können jeweils die Zahlen von 1 bis 6 eingetragen werden. D.h. von den 5 vorhandenen Würfeln werden (spätestens) am Ende der 3 Würfelvorgänge die jeweiligen Augen (= Würfelpunkte) addiert und in das entsprechende Feld eingetragen. Ergibt sich durch die Summe der sechs Felder ein Wert größer oder gleich 63, so dürfen zum oberen Teil 35 weitere Punkte addiert werden.

Mögliche Eintragungen bei diesem Beispielwurf {4,4,4,2,1} sind folgende. Es muss also eine davon ausgewählt werden.

» **1er:** [1]
» **2er:** [2]
» **3er:** [0]
» **4er:** [12]
» **5er:** [0]
» **6er:** [0]

Der untere Teil:

Dreierpasch: Zeigen 3 oder mehr Würfel die gleiche Zahl, so können alle Augen addiert und hier eingetragen werden.

Viererpasch: Zeigen 4 oder mehr Würfel die gleiche Zahl, so können alle Augen addiert und hier eingetragen werden.

Full - House: Für den Fall, dass 3 gleiche und 2 gleiche Zahlen vorhanden sind, können hier 25 Punkte eingetragen werden.

Kleine Straße: Eine 4er - Reihe aus Zahlen ist 30 Punkte wert. Die Möglichkeiten sind: {1,2,3,4} ; {2,3,4,5} ; {3,4,5,6}.

Große Straße: Eine 5er - Reihe aus Zahlen ist 40 Punkte wert. Die Möglichkeiten sind: {1,2,3,4,5} ; {2,3,4,5,6}.

Kniffel: Bei fünf gleichen Würfelwerten können in diesem Feld 50 Punkte eingetragen werden. Für den Fall, dass erneut ein Kniffel gewürfelt wird, ist jeder weitere 100 Punkte wert und kann in ein beliebiges Feld im unteren Bereich eingetragen werden.

Chance: Fällt die Wahl der Eintragung schwer, dann kann dieses dafür vorgesehene Feld verwendet werden um einmalig alle Würfelaugen zu addieren, unabhängig deren Kombination.

Gegeben:

```
#include <time.h> //Ermöglicht die Verwendung von
                    zeitabhängigen Funktionen

srand(time(NULL)); //Initialisiert die Zufallszahl

rand()%6 //Erzeugt eine Zufallszahl zw. 0 und 5

std::to_string() // Wandelt eine Zahl in einen
                    String um.

\n                  // neue Zeile

\t                  // [Tab]ulator

// Tipps für Nutzereingaben. Kombinieren Sie fol-
gende Syntax - Elemente für eine fehlerfrei Ein-
gabe.

[Benennung]:
[...Code...]
goto [Benennung]; //Ermöglicht ein Zurückspringen
                    im Code

fflush(stdin); //löscht den Tastatur-Eingabepuffer

cin.fail()          //prüft eine Eingabe auf Errors

cin.clear()         //Error Eintragungen müssen
                    wieder gelöscht werden.
```

Musterlösung

In dieser Lösung gibt es neben der ***main.cpp*** die zwei Klassen *Spieler* und *Spielfeld.* Dazu gibt es diese weiteren Dateien:

» **Spielfeld.h**

» **Spieler.h**

» **Spielfeld.cpp**

» **Spieler.cpp**

Das Spielfeld wird durch geschicktes Ausgeben von Zeilen ermöglicht. Dabei ist es in einer Konsolenanwendung nur möglich das Spielfeld zu aktualisieren, indem es erneut ausgegeben wird.

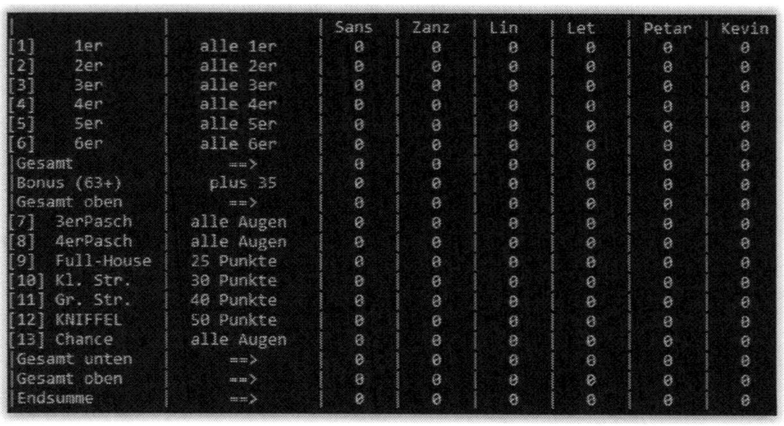

		Sans	Zanz	Lin	Let	Petar	Kevin
[1] 1er	alle 1er	0	0	0	0	0	0
[2] 2er	alle 2er	0	0	0	0	0	0
[3] 3er	alle 3er	0	0	0	0	0	0
[4] 4er	alle 4er	0	0	0	0	0	0
[5] 5er	alle 5er	0	0	0	0	0	0
[6] 6er	alle 6er	0	0	0	0	0	0
Gesamt	==>	0	0	0	0	0	0
Bonus (63+)	plus 35	0	0	0	0	0	0
Gesamt oben	==>	0	0	0	0	0	0
[7] 3erPasch	alle Augen	0	0	0	0	0	0
[8] 4erPasch	alle Augen	0	0	0	0	0	0
[9] Full-House	25 Punkte	0	0	0	0	0	0
[10] Kl. Str.	30 Punkte	0	0	0	0	0	0
[11] Gr. Str.	40 Punkte	0	0	0	0	0	0
[12] KNIFFEL	50 Punkte	0	0	0	0	0	0
[13] Chance	alle Augen	0	0	0	0	0	0
Gesamt unten	==>	0	0	0	0	0	0
Gesamt oben	==>	0	0	0	0	0	0
Endsumme	==>	0	0	0	0	0	0

Abbildung 130 – Spielfeld Konsole

Um den Spielablauf zu regeln, gibt es verschiedene Methoden und Attribute, die stets auf dem Laufenden gehalten werden können.

Main.cpp

```
#include <iostream>
#include "string"
#include "Spieler.h"
#include "Spielfeld.h"
#include <climits>

int AbfrageSpielerzahl ()
{
cout << "____________________________________________________________\n" << endl;
cout << "-_-_-\t-_-_-\t  Willkommen\t-_-_-\t-_-_-\t" << endl;
cout << "-_-_-\t-_-_-\t  bei Kniffel\t-_-_-\t-_-_-\t" << endl;
cout << "____________________________________________________________\n" << endl;
cout << "Wie viele Spieler gibt es?
(1-6)\nSpielerzahl: ";
int x;
Spielerzahl:
fflush(stdin);
cin >> x;
if (cin.fail()) {cin.clear();}
if (x>0 && x<7)
{return x;}
else
{cout<<"Bitte versuchen Sie es er-
neut."<<endl<<"Spielerzahl: ";
goto Spielerzahl;}
return 1;
}
```

```
int main()  {
int Spielerzahl;
Spielerzahl = AbfrageSpielerzahl();
//Erzeugung Objekt Spielfeld
Spielfeld Kniffel(Spielerzahl);
//Vergabe Namen
Kniffel.EingabeSpielernamen(Spielerzahl);
//Erzeugung von x Spieler Instanzen
Spieler Sp [Spielerzahl];
for (int i=0; i<Spielerzahl; i++)
{
Spieler Sp[i];
}
//Ausgabe Spielfeld plan
Kniffel.PrintSpielfeld(Spielerzahl);
//Gameloop:
for (int j=0; j<13; j++)
{
      for (int k=0; k<Spielerzahl; k++)
      {
      cout<<"\nSpieler  "<<k+1<<"  ist  an  der
      Reihe!"<<endl;
      int* Feldwert = Sp[k].Zug();
      Kniffel.EintragungWert(k, Feldwert);
      Kniffel.PrintSpielfeld(Spielerzahl);
      }
}
return 0;   }
```

Spielfeld.h

```
#include <iostream>
#include <String>
#include <string.h>

#define cout std::cout
#define cin std::cin
#define endl std::endl
#define string std::string

struct Spielfeld
{    //Benötigte Werte
     string Spalte_1 [20];
     string Spalte_2 [20];
     string Spielernamen [6];
     int Spielerwerte [20][6];
     //Konstruktor
     Spielfeld (const int& Spielerzahl)
     {    /*Def Zeile 1>>>*/
          for (int h=0; h<6; h++)
               {Spalte_1 [h] = "";}
          /*Def Spalte 1>>>*/
          {
          Spalte_1 [0] = "|\t\t";
          for (int i=1; i<7; i++)
          {Spalte_1 [i] = "[" + std::to_string(i)
           + "]     "+std::to_string(i)+"er\t";}
```

```
Spalte_1 [7] =  "|Gesamt\t\t";
Spalte_1 [8] =  "|Bonus (63+)\t";
Spalte_1 [9] =  "|Gesamt oben\t";
Spalte_1 [10] = "[7]  3erPasch\t";
Spalte_1 [11] = "[8]  4erPasch\t";
Spalte_1 [12] = "[9]  Full-House\t";
Spalte_1 [13] = "[10] Kl. Str.\t";
Spalte_1 [14] = "[11] Gr. Str.\t";
Spalte_1 [15] = "[12] KNIFFEL\t";
Spalte_1 [16] = "[13] Chance\t";
Spalte_1 [17] = "|Gesamt unten\t";
Spalte_1 [18] = "|Gesamt oben\t";
Spalte_1 [19] = "|Endsumme\t";
}
/*Def Spalte 2 >>>*/
{Spalte_2 [0] = Spalte_1[0];
for (int j=1; j<7; j++)
{Spalte_2   [j]   =   "|        alle   "   +
              std::to_string(j)+ "er\t";}
Spalte_2 [7] =  "|      ==>\t";
Spalte_2 [8] =  "|    plus 35\t";
Spalte_2 [9] = Spalte_2 [7];
Spalte_2 [10] = "|  alle Augen\t";
Spalte_2 [11] = Spalte_2 [10];
Spalte_2 [12] = "|  25 Punkte\t";
Spalte_2 [13] = "|  30 Punkte\t";
Spalte_2 [14] = "|  40 Punkte\t";
Spalte_2 [15] = "|  50 Punkte\t";
```

```
        Spalte_2 [16] = Spalte_2 [10];
        Spalte_2 [17] = Spalte_2 [7];
        Spalte_2 [18] = Spalte_2 [7];
        Spalte_2 [19] = Spalte_2 [7];
        }
        /*Def Spielerspalten  >>>*/
        for (int k=0; k<6; k++)
        {
            for (int l=0; l<20; l++)
            {Spielerwerte [l][k] = 0;}
        }
    }

    void PrintSpielfeld (const int& Spielerzahl);
    void EingabeSpielernamen
                        (const int& Spielerzahl);
    void EintragungWert
          (int& AktuellerSpieler, int* TempArray);
};
```

Spielfeld.cpp

```
#include "Spielfeld.h"
void Spielfeld::PrintSpielfeld
                         (const int& Spielerzahl)
    {   //Zeile 1
        cout << Spalte_1[0] << Spalte_2[0];
        for (int h=0; h<Spielerzahl; h++)
        {cout << "|" + Spielernamen[h];}
         cout << endl;
        //Restliche Tabelle
        for (int i=1; i<20; i++)
        {cout << Spalte_1[i] << Spalte_2[i];
            for (int j=0; j<Spielerzahl; j++)
    {cout << "|\t" << Spielerwerte[i][j] << "\t";}
         cout << endl;}
    }
void Spielfeld::EingabeSpielernamen
                         (const int& Spielerzahl)
    {for (int i=0; i<Spielerzahl; i++)
        {cout << "Wie ist der Name von Spieler" <<
                  i+1 << "?\n";
         char TempString1 [10];
         string TempString2;
         //Eingabe_Name:
         fflush(stdin);
         cin.getline(TempString1,10);
         if (cin.fail()) {cin.clear();}
```

```
        //Anpassung auf Ziellänge
        int Namenlaenge = strlen(TempString1);
        int Freiraum = (15-Namenlaenge)/2;
        for (int i=0; i<Freiraum;i++)
                              {TempString2+=" ";}
        TempString2+=TempString1;
        for (int i=0; i<Freiraum;i++)
                              {TempString2+=" ";}
        if (Namenlaenge%2==0)
                              {TempString2+=" ";}
        Spielernamen[i]=TempString2;
       }
    }
void Spielfeld::EintragungWert
                    (int& Spieler, int* TempArray)
    {   int Zeile = TempArray[0];
        if (Zeile>6) // Unterschied Array, Anzeige
        {Zeile += 3;}
        int Wert = TempArray[1];
        Spielerwerte[Zeile][Spieler] = Wert;
        int* Gesamt = &(Spielerwerte[7][Spieler]);
        int* Bonus = &(Spielerwerte[8][Spieler]);
        int* Gesamt_oben
                   = &(Spielerwerte[9][Spieler]);
        int* Gesamt_unten
                  = &(Spielerwerte[17][Spieler]);
        // Reset für Summe;
        *Gesamt = 0;
```

```
        *Gesamt_unten = 0;
        // Gesamt
        for (int i=1; i<7; i++)
           {*Gesamt += Spielerwerte[i][Spieler];}
        //Bonus
        if (*Gesamt > 62) {*Bonus = 35;}
        // Gesamt oben
        *Gesamt_oben = *Gesamt + *Bonus;
        // Gesamt unten
        for (int j=10; j<17; j++)
     {*Gesamt_unten += Spielerwerte[j][Spieler];}
        // Gesamt oben (ut)
        Spielerwerte[18][Spieler] = *Gesamt_oben;
        // Endpunktzahl
        Spielerwerte[19][Spieler]
                    = *Gesamt_oben+*Gesamt_unten;
    }
```

Spieler.h

```
#include <iostream>
#include "String"
#include "time.h"
#define cout std::cout
#define cin std::cin
#define endl std::endl
#define string std::string
```

```
class Spieler
{
int Wurfergebnis[5];   // Würfel für die Wertung
int AnzahlErgebnis[6]; // Anzahl der Augen (#1-6)
int WurfAuswahl[5]; // Wuerfel, die beim nächsten
Würfeln ignoriert werden
int Wuerfel_frei; // Wuerfel in den Becher
int Wuerfel_Wahl; // Wuerfel für die Wertung be-
halten
bool FreieZeile [13]
                  = {1,1,1,1,1,1,1,1,1,1,1,1,1};
public:
    Spieler () //Konstruktor
    {for (int i=0; i<5; i++){
     Wurfergebnis[i]=0;
     WurfAuswahl[i]=0;}
     for (int j=0; j<6; j++){
     AnzahlErgebnis[j]=0;}
     Wuerfel_frei=5;
     Wuerfel_Wahl=0;}
    //Existierende Funktionen
    void Wuerfeln();
    void AusgabeWurf();
    bool Auswahl();
    int* Dokumentation();
    bool JeinAbfrage();
    int* Zug();
};
```

Spieler.cpp

```
#include "Spieler.h"
int* Spieler::Zug()
{  bool Doku;
   int* Feld;
   for (int i=0; i<3; i++)
   {
   Doku = false;
   Wuerfeln();
   AusgabeWurf();
   if (i<2)      {Doku = Auswahl();}
   else if (i==2)
     {cout << "\nDas war der dritte Wurf!" << endl;
      Doku=true;}
   if (Doku == true){Feld = Dokumentation();
                     return Feld;}
   }
   return Feld;
}
void Spieler::Wuerfeln()
{   srand(time(NULL));
    for (int i=0; i<Wuerfel_frei; i++)
    {
        Wurfergebnis[i]=(rand()%6)+1;
    }
    //Reset AnzahlArray
    for (int h = 0; h<6; h++){
```

```
        AnzahlErgebnis[h]=0;}
}
void Spieler::AusgabeWurf()
{   cout << "\nEs liegen die Wuerfel mit den
                                             Werten\n";
   for (int i= 0; i<Wuerfel_frei; i++)
   {cout << "[ " << Wurfergebnis[i] << " ]";}
    if (Wuerfel_Wahl>0)
    {for (int j = 0; j<Wuerfel_Wahl; j++)
       {cout << "[ " << WurfAuswahl[j] << " ]";
        Wurfergebnis[(5-Wuerfel_Wahl+j)]
                                =WurfAuswahl[j];}}
        cout << endl;
        Wuerfel_frei = 5;
        Wuerfel_Wahl = 0;
        //Zwischenspeicherung Anzahl-Array
        for (int k = 0; k<5; k++){
            for (int L=0; L<6; L++){
                if (Wurfergebnis[k]==(L+1)){
                    AnzahlErgebnis[L]++;}}}
    }
//Möglichkeiten zwischen den Würfelvorgängen
   bool Spieler::Auswahl()
    {   bool Vorhanden;
        bool  Schreiben;
        cout << "\nMoechten Sie Ihr Wurfergebnis
bereits dokumentieren?"<<endl;
        AuswahlDoku:
```

```
        Schreiben = JeinAbfrage();
        if (Schreiben == 1)
            {return 1;}
        cout << "\nWie viele Wuerfel moechten Sie
behalten?\t";
        AuswahlWuerfel:
        fflush(stdin);
        cin >> Wuerfel_Wahl;
        if (cin.fail()) {cin.clear();}
        if (Wuerfel_Wahl==5){
            cout << "\nMoechten Sie Ihr Ergebnis
doch schon dokumentieren?" << endl;
            goto AuswahlDoku;}
        else if (Wuerfel_Wahl>0 && Wuerfel_Wahl<6)
            {Wuerfel_frei -= Wuerfel_Wahl;}
        else
            {cout << "\nDas geht nicht. Nur Werte
zwischen 0 und 5!\t";
            goto AuswahlWuerfel;}
        for (int i=0; i<Wuerfel_Wahl; i++)
            {cout << "Wuerfel "<<(i+1)<<": ";
            AuswahlBecher:
            fflush(stdin);
            cin >> WurfAuswahl[i];
            if (cin.fail()) {cin.clear();}
            Vorhanden = false;
            for (int j=0; j<6; j++)
```

```
            {   if (WurfAuswahl[i] == (j+1) && An-
zahlErgebnis[j]>0)
                {   AnzahlErgebnis[j]--;
                    Vorhanden = true;
                }
            }
            if (Vorhanden == false)
            {   cout << "\nHoppla, die Auswahl geht
nicht. Welcher Wuerfel soll auf die Seite?\t";
                goto AuswahlBecher;
            }
        }
        return 0;
    }

int* Spieler::Dokumentation()
   {int x;
    int Resultat;
    bool beschreibbar;
    cout << "\nWo sollen die Wuerfelpunkte einge-
tragen werden?" << endl;
    cout << "Geben Sie die entsprechende Zeilen-
nummer ein: ";
    AuswahlZeile:
    fflush(stdin);
    cin>>x;
    if (cin.fail()) {cin.clear();}
    Resultat = 0;
```

```
    beschreibbar = FreieZeile[(x-1)];
//1er bis 6er
    if  ((x==1||x==2||x==3||x==4||x==5||x==6)  &&
beschreibbar==true)
        {Resultat = (AnzahlErgebnis[(x-1)])*x;}
//3erPasch
    else if (x==7 && beschreibbar==true)
        {
        for (int i=0; i<6; i++)
        {   if (AnzahlErgebnis[i]>2)
            {   for (int j=0; j<5; j++)
                {Resultat += Wurfergebnis[j];}
                break;
            }
            else {Resultat=0;}
            }
        }
//4erPasch
   else if (x==8 && beschreibbar==true)
       {
       for (int i=0; i<6; i++)
        {   if (AnzahlErgebnis[i]>3)
           {   for (int j=0; j<5; j++)
               {Resultat+= Wurfergebnis[j];}
               break;
           }
           else {Resultat=0;}
        }
```

```
    }
//Full-House
    else if (x==9 && beschreibbar==true)
        {
        bool Zwei = false;
        bool Drei = false;
        for (int i=0; i<6; i++)
         {   if (AnzahlErgebnis[i]==2)
                {Zwei=true;}
             else if (AnzahlErgebnis[i]==3)
                 {Drei = true;}
         if (Zwei==true && Drei==true)
             {Resultat = 25;}
         else
            {Resultat = 0;}
        }
    }
//Kl Str
    else if (x==10 && beschreibbar==true)
        {
        if (AnzahlErgebnis[0]>0
            && AnzahlErgebnis[1]>0
            && AnzahlErgebnis[2]>0
            && AnzahlErgebnis[3]>0)
            {Resultat = 30;}
       else if (AnzahlErgebnis[1]>0
                && AnzahlErgebnis[2]>0
                && AnzahlErgebnis[3]>0
```

```
              && AnzahlErgebnis[4]>0)
          {Resultat = 30;}
        else if (AnzahlErgebnis[2]>0
                && AnzahlErgebnis[3]>0
                && AnzahlErgebnis[4]>0
                && AnzahlErgebnis[5]>0)
          {Resultat = 30;}
       else
          {Resultat = 0;}
    }
//Gr Str
    else if (x==11&& beschreibbar==true)
       {
       if (AnzahlErgebnis[0]>0
          && AnzahlErgebnis[1]>0
          && AnzahlErgebnis[2]>0
          && AnzahlErgebnis[3]>0
          && AnzahlErgebnis[4]>0)
          {Resultat = 40;}
       else if (AnzahlErgebnis[1]>0
              && AnzahlErgebnis[2]>0
              && AnzahlErgebnis[3]>0
              && AnzahlErgebnis[4]>0
              && AnzahlErgebnis[5]>0)
          {Resultat = 40;}
       else
         {Resultat = 0;}
      }
```

```
//Kniffel
   else if (x==12 && beschreibbar==true)
       {
       for (int i=0; i<6; i++)
           {if (AnzahlErgebnis[i]==5)
              {Resultat=50;
               break;}
          else
           {Resultat=0;}
          }
       }
//Chance
   else if (x==13 && beschreibbar==true)
      {
      for (int i=0; i<5; i++)
          {Resultat += Wurfergebnis[i];}
      }
   else
      {
      cout << "\nUps! Die Zeile ist womoeglich be-
reits verwendet." << endl;
       cout << "Welche Zeile meinten Sie?\t";
        goto AuswahlZeile;
       }
   //Auswahl Zeile ist erfolgt.
   cout << "\nEs werden "<< Resultat <<" Punkte in
Zeile "<< x <<" eingetragen"<<endl;
   bool ok = JeinAbfrage();
```

```
    if (ok==false)
       {cout<<"Welche Zeile, stattdessen?\t";
        goto AuswahlZeile;}
    else //Schreibe in Werte-Array
        {FreieZeile[(x-1)] = false; //nicht mehr
beschreibbar
        static int TempArray[2];
        TempArray[0]=x;
        TempArray[1]=Resultat;
        return TempArray;}
     }
bool Spieler::JeinAbfrage()
{
    cout << "OK? [J]a oder [N]ein.\t";
    char JN [2];
    JeinAbfrage:
    fflush(stdin);
    cin.get(JN, 2);
    if (cin.fail()) {cin.clear();}
    if (JN[0] == 'J' || JN[0] == 'j')
       {return 1;}
    else if (JN[0] == 'N'|| JN[0] == 'n')
       {return 0;}
     else
        {cout << "Wie bitte?\t";
        goto JeinAbfrage;}
     return 0;
}
```

Erklärung

Main.cpp

```
1   #include <iostream>
2   #include "string"
3   #include "Spieler.h"
4   #include "Spielfeld.h"
5   #include <climits>
6
7   int AbfrageSpielerzahl ()
8   {
29
30  int main()
31  {
32      int Spielerzahl;
33      Spielerzahl = AbfrageSpielerzahl();
34      //Erzeugung Objekt Spielfeld
35      Spielfeld Kniffel(Spielerzahl);
36      //Vergabe Namen
37      Kniffel.EingabeSpielernamen(Spielerzahl);
38      //Erzeugung von x Spieler Instanzen
39      Spieler Sp [Spielerzahl];
40      for (int i=0; i<Spielerzahl; i++)
41      {
42          Spieler Sp[i];
43      }
44      //Ausgabe Spielfeld plan
45      Kniffel.PrintSpielfeld(Spielerzahl);
46      //Gameloop:
47      for (int j=0; j<13; j++)
48      {
49          for (int k=0; k<Spielerzahl; k++)
50          {
51              cout<<"\nSpieler "<<k+1<<" ist an der Reihe!"<<endl;
52              int* Feldwert = Sp[k].Zug();
53              Kniffel.EintragungWert(k, Feldwert);
54              Kniffel.PrintSpielfeld(Spielerzahl);
55          }
56      }
57      return 0;
58  }
```

Abbildung 131 – main.cpp

Die Hauptfunktion beginnt mit der Abfrage der Spielerzahl (Zeile 33). Diese Variable hat im weiteren Programm stets eine zentrale Rolle. Mit ihr wird nicht nur bestimmt, wie viele

Spielerobjekte erzeugt werden (Zeile 39 – 43), sondern auch sichergestellt, dass die Spielschleife (Zeile 47- 56) korrekt abläuft. Diese besteht aus 13 Durchläufen damit jede Zeile des Kniffel – Gewinnblatts befüllt werden kann. Innerhalb dieser Durchläufe wird zwischen den unterschiedlichen Spielerlern durchgewechselt. Zunächst wird also der aktuelle Spieler daran erinnert, dass nun sein / ihr Zug ist. Anschließend wird durch die dafür entworfene Methode die resultierende Eintragungszeile mit dazugehörigem Wert ermittelt (Zeile 52). Damit wird nun die Tabelle neu verrechnet (Zeile 53). Danach kann das aktualisierte Spielfeld ausgegeben werden (Zeile 54). In einem früheren Schritt werden dafür sogar die Spielernamen abgefragt (Zeile 37).

struct Spielfeld

```
struct Spielfeld
{
    //Benötigte Werte
    string Spalte_1 [20];
    string Spalte_2 [20];
    string Spielernamen [6];
    int Spielerwerte [20][6];

    //Konstruktor
    Spielfeld (const int& Spielerzahl)
    {

    void PrintSpielfeld (const int& Spielerzahl);
    void EingabeSpielernamen(const int& Spielerzahl);
    void EintragungWert(int& AktuellerSpieler, int* TempArray);
};
```

Abbildung 132 – struct Spielfeld

Das Nutzen von Klassen oder Konstrukten hat den großen Vorteil, dass alle dafür erzeugten Methoden auf die dafür vorgesehenen Werte zugreifen können. Es ist nicht notwendig extra bestimmte Variablen in die Funktion einzuleiten. In Kombination mit einem Konstruktor kann also das komplette Layout innerhalb des struct ferstgelegt werden. Die Spielerwerte (Zeile 16) können dabei z.B. wie in Zeile 52 / 53 (Abbildung 131, S.199) ermittelt und weitergegeben werden.

class Spieler

```
10  class Spieler
11  {
12      int Wurfergebnis[5];    // Würfel für die Wertung
13      int AnzahlErgebnis[6];  // Anzahl der jeweiligen Augen von 1-6
14      int WurfAuswahl[5];     // Wuerfel, die beim nächsten Würfeln ignoriert werden
15      int Wuerfel_frei;       // Wuerfel in den Becher
16      int Wuerfel_Wahl;       // Wuerfel für die Wertung behalten
17      bool FreieZeile [13] = {1,1,1,1,1,1,1,1,1,1,1,1,1};
18
19  public:
20      Spieler () //Konstruktor
21      {
32      //Existierende Funktionen
33      void Wuerfeln();
34      void AusgabeWurf();
35      bool Auswahl();
36      int* Dokumentation();
37      bool JeinAbfrage();
38      int* Zug();
39  };
```

Abbildung 133 – class Spieler

Ähnlich verhält es sich bei der Klasse Spieler. Werte, die in mehreren Methoden relevant sind, werden innerhalb der Klasse erstellt. So ist gewährleistet, dass z.B. die Information ob eine Zeile beschreibbar ist, stets abhängig vom Spielerobjekt ist.

int* Spieler::Zug()

```
3   int* Spieler::Zug()
4       {
5           bool Doku;
6           int* Feld;
7           for (int i=0; i<3; i++)
8           {
9               Doku = false;
10              Wuerfeln();
11              AusgabeWurf();
12              if (i<2)        {Doku = Auswahl();}
13              else if (i==2){
14                  cout << "\nDas war der dritte Wurf!" << endl;
15                  Doku=true;}
16              if (Doku == true){
17                  Feld = Dokumentation();
18                  return Feld;}
19          }
20      return Feld;
21      }
```

Abbildung 134 – int Spieler::Zug()*

Das Ziel der Funktion ist, passend zu den Spielregeln, nach spätestens 3x Würfeln eine Zeile zur Eintragung zu erhalten. Dazu gibt es eine for – Schleife in Zeile 7. Abhängig von den liegenden Würfeln ergibt sich dabei ein bestimmter Feldwert. Als Hilfe wird in dieser Funktion dazu ein Pointer erzeugt, welcher schlussendlich zurückgegeben wird (Zeile 6 & 20).

Da diese Möglichkeit schon nach jedem Würfeln besteht, muss dieser Wunsch abgefragt werden. Nach der Wuerfel – Funktion und der AusgabeWurf – Funktion (Zeile 10 &11), wird also nach den ersten zwei Durchläufen die Möglichkeit erzeugt, den booleschen Wert *Doku* auf *true* zu setzen. Das geschieht ohnehin nach dem zweiten Durchlauf. Die Funktion *Dokumentation ( )*

kann also unter diesen Umständen ausgeführt und dabei die Eintragungszeile samt Wert ermittelt werden.

Intelligente Abfragen

```
232     bool Spieler::JeinAbfrage()
233     {
234         cout << "OK? [J]a oder [N]ein.\t";
235         char JN [2];
236         JeinAbfrage:
237         fflush(stdin);
238         cin.get(JN, 2);
239         if (cin.fail()) {cin.clear();}
240         if (JN[0] == 'J' || JN[0] == 'j')
241             {return 1;}
242
243         else if (JN[0] == 'N'|| JN[0] == 'n')
244             {return 0;}
245
246         else
247             {cout << "Wie bitte?\t";
248             goto JeinAbfrage;}
249         return 0;
250     }
```

Abbildung 135 – Nutzereingaben

Eine Ja / Nein – Abfrage erfolgt immer nach dem gleichen Schema. Nutzereingaben wie in Zeile 238 sind jedoch aufgrund des sogenannten Eingabepuffers sehr anfällig. Das heißt, wenn die Eingabe nicht zum oder in den Zielspeicher passt, dann verbleibt die Eingabe im Puffer bestehen, um später, sobald möglich, verarbeitet zu werden. Wenn also z.B. mehr Zeichen eingelesen werden, als im Ziel – Array verfügbar, wird ein Fehler im

Eingabestrom vermerkt, der durch die boolesche Funktion *cin.fail ( )* (Zeile 239) festgestellt werden kann. In so einem Fall ist es notwendig die vorhanden Fehlervermerke zu löschen. Das erfolgt durch *cin.clear ( )*.

Damit keine Überbleibsel aus früheren Eingaben in die *cin* – Abfrage gelangen, kann der Puffer mihilfe der Funktion *fflush(stdin) (Zeile237) geleert* werden.

Die gewählte Größe des Char – Array beträgt 2, denn erwartet wird ein ‚J' oder ‚N' mit anschließender Eingabebestätigung. Ordnungsgemäß wird die Eingabe also korrekt verarbeitet. Um den Code so erfolgreich wie möglich zu gestalten wird außerdem nur das erste Zeichen abgefragt. Schreibt der Nutzer also das ‚Ja' oder ‚Nein' ganz aus, so wird die Eingabe trotzdem erkannt (Zeile 240 / 243). Andernfalls, wird der Nutzer zu einem Neuversuch aufgefordert (Zeile 247) und wieder von Zeile 248 zu 236 befördert.

Umgang mit Strings

```
22 void Spielfeld::EingabeSpielernamen(const int& Spielerzahl)
23 {
24     for (int i=0; i<Spielerzahl; i++)
25     {
26         cout << "Wie ist der Name von Spieler" << i+1 << "?\n";
27         char TempString1 [10];
28         string TempString2;
29         //Eingabe_Name:
30         fflush(stdin);
31         cin.getline(TempString1,10);
32         if (cin.fail()) {cin.clear();}
33         //Anpassung auf Ziellänge
34         int Namenlaenge = strlen(TempString1);
35         int Freiraum = (15-Namenlaenge)/2;
36         for (int i=0; i<Freiraum;i++){TempString2+=" ";}
37         TempString2+=TempString1;
38         for (int i=0; i<Freiraum;i++){TempString2+=" ";}
39         if (Namenlaenge%2==0)          {TempString2+=" ";}
40         Spielernamen[i]=TempString2;
41     }
42 }
```

Abbildung 136 – Umgang mit strings

Glücklicherweise sind Strings beinahe wie normale Variablen verwendbar. Am Beispiel der Spielernameneingabe sollen mögliche Handhabungen gezeigt werden.

Bevor schlussendlich der fertig bearbeitete String in den Spielernamen – Array eingetragen wird (Zeile 40), wird zunächst ein char – Array names *TempString1* und ein string *TempString2* erzeugt (Zeile 27 / 28). Ersterer wird durch die Nutzereingabe befüllt und auf die Länge geprüft (Zeile 34) Somit kann der resultierende Freiraum zu den Spaltenrändern der Spieltabelle ermittelt werden (Zeile 35).

Anschließend wird nun *TempString2* zuerst mit Leerzeichen

befüllt. Die Anzahl ist abhängig von der Länge des Namens (Zeile 36). Dahinter wird dieser angefügt (Zeile 37) und dann wieder die gleiche Anzahl an Leerzeichen (Zeile 38).

Die Rechnung geht nicht immer gleich gut auf, daher wird für den Sonderfall *Namenlaenge%2* vorgesorgt und bei Bedarf ein weiteres einzelnes Leerzeichen angefügt.

Das Resultat ist, dass der Spielername unabhängig von dessen Länge, stets zentriert ist und in das Tabellenlayout passt.

Tipps und Tricks damit Ihnen das Programmieren leichter fällt

Debugging Tools

Die Entwicklungsumgebung stellt Möglichkeiten für einen detaillierten Debugvorgang zur Verfügung. Das wichtigste dabei ist der *Breakpoint*. Er dient dazu, um das Verhalten des Codes an einer ganz bestimmten Stelle zu betrachten, an dem das *Debugging* pausiert. Das Setzen eines Punktes ist durch einen Klick mit der linken Maustaste rechts neben der Zeilennummerierung möglich.

Beispielsweise soll das bekannte Konsolenbeispiel aus dem Kapitel ‚4.8 Fortgeschrittene Projektstruktur' verwendet werden. Dort kann in Zeile 2 der main.cpp ein Breakpoint gesetzt werden.

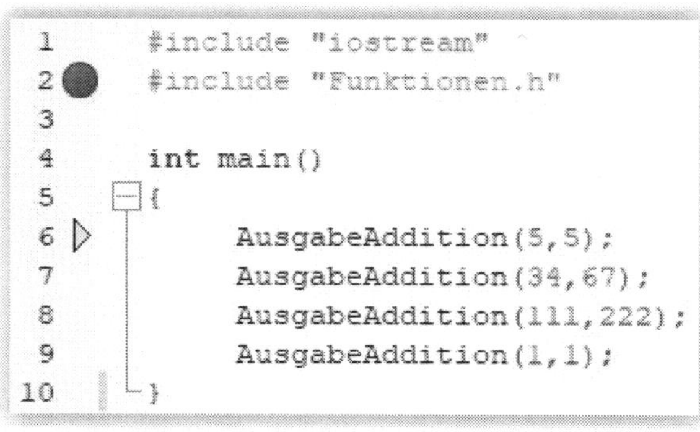

Abbildung 137 – Debug Breakpoint

Das Resultat ist der gelbe Dreieckspfeil, der in Zeile 6 gesetzt wird, sobald das Debugging gestartet wird. Theoretisch sollte dieser bereits an dem Breakpoint gesetzt werden, jedoch handelt es sich dort um einen Präprozessorbefehl, der für das Debugging irrelevant ist.
Zeile 6 stellt die erste tatsächliche Aktion dar, nämlich das Aufrufen der *AusgabeAddition* - Funktion mit den Werten 5 & 5.

Abbildung 138 – Debugging Toolbar

Um das weitere Untersuchen zu unterstützen, gibt es eine Toolbar mit diversen möglichen Aktionen. Von links nach rechts lauten diese:

i.	Debug / Continue	Fortfahren
ii.	Run to cursor	Zur Zeile mit dem Textzeiger fortfahren
iii.	Next Line	Zur nächsten Zeile
iv.	Step into	Die aktuelle Zeile betrachten
v.	Step out	Die aktuelle Zeile verlassen
vi.	Next instruction	Zur nächsten Anweisung
vii.	Step into instruction	Anweisung betrachten
viii.	Break Debugger	Debugging pausieren
ix.	Stop Debugger	Debugging abbrechen

x. Debugging Windows | Verschiedene verfügbare Assistenzfenster

xi. Various Info | Diverse Infos

Besonders relevant sind in alltäglichen Fällen hauptsächlich die Aktionen i. Debug / Continue, iii. Next Line, iv. Step into und x. Debugging Windows.

Dabei sind wiederum die meistverwendeten Werkzeuge ‚Watches' und ‚Memory Dump'. So können zeitlich die Variablen und die dazugehörigen Speicheradressen betrachtet werden.

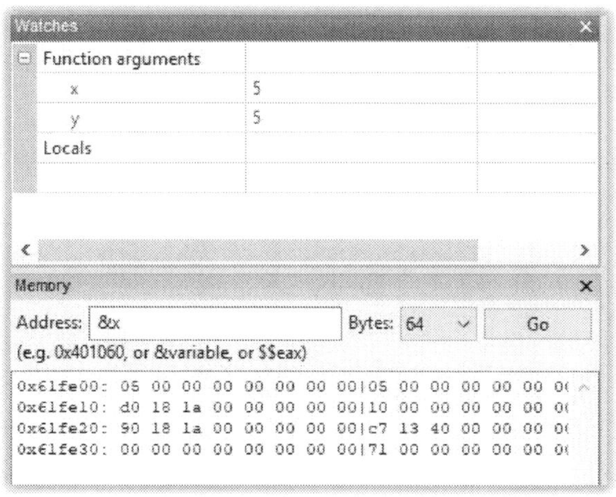

Abbildung 139 – Watches und Memory Dump

Einfach den Überblick behalten

Jeder Programmierende hat irgendwann den Moment der Erkenntnis, dass eine Variable doch besser einen anderen Namen hätte bekommen sollen. Um nun nicht jede einzelne Stelle suchen zu müssen, wo die Bezeichnung verwendet wird, kann ein String – Replace durchgeführt werden. Die Tastenkombination dafür lautet **Strg + R**.

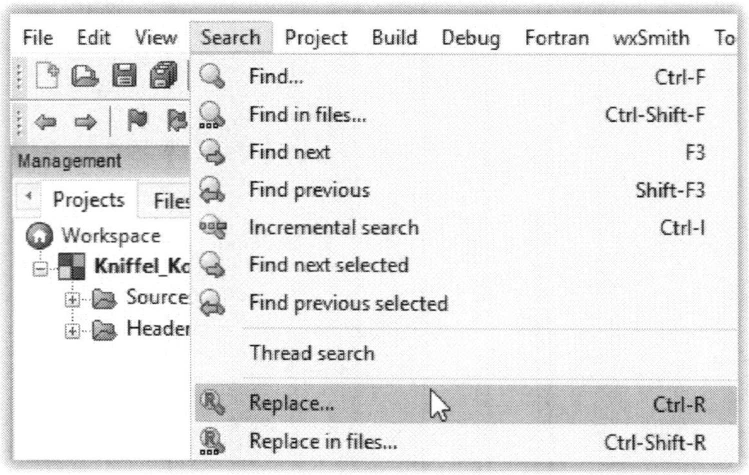

Abbildung 140 – Code::Blocks | Replace

Damit ist es möglich eine Zeichenkombination zu suchen und mit einem neuen Inhalt zu ersetzen. Das erspart sehr viel Mühe.

Eine weitere Möglichkeit ist das hervorherben von gleichen Zeichenketten. Dazu muss ein beliebiger Inhalt markiert werden. Das geschieht auf die gleiche Weise wie in Textprogrammen gewohnt, nämlich durch gedrückt halten der linken Maustaste und Bewegung des Cursors über den Text.

```
        int x;
        int Resultat;
        bool beschreibbar;
        cout << "\nWo sollen die Wuerfelpunkte eingetragen werden?" << endl;
        cout << "Geben Sie die entsprechende Zeilennummer ein: ";
        AuswahlZeile:
        fflush(stdin);
        cin>>x;
        if (cin.fail()) {cin.clear();}
        Resultat = 0;
        beschreibbar = FreieZeile[(x-1)];
    //1er bis 6er
        if ((x==1||x==2||x==3||x==4||x==5||x==6) && beschreibbar==true)
            {
                Resultat = (AnzahlErgebnis[(x-1)])*x;
            }
    //3erPasch
        else if (x==7 && beschreibbar==true)
            {
```

Abbildung 141 – Text Highlight

Abbildungsverzeichnis

Quellenverzeichnis

[1] M. Schramm, „BR Wissen," 17. Januar 2020. [Online]. Available: https://www.br.de/wissen/alan-turing-enigma-computer-maschine-100.html. [Zugriff am 06. Dezember 2020].

[2] Codeblocks, „Codeblocks - Startseite," Codeblocks, [Online]. Available: http://www.codeblocks.org/. [Zugriff am 26. Oktober 2020].

[3] CodeBlocks, „CodeBlocks - Downloadseite," CodeBlocks, [Online]. Available: http://www.codeblocks.org/downloads/26. [Zugriff am 26. Oktober 2020].

[4] MinGW-w64, „MinGW-w64 Downloads," MinGW-w64, [Online]. Available: http://mingw-w64.org/doku.php/download/mingw-builds. [Zugriff am 26. Oktober 2020].

[5] Sourceforge, „Sourceforge - Download MinGW-w64," Sourceforge, [Online]. Available: https://sourceforge.net/projects/mingw-w64/. [Zugriff am 26. Oktober 2020].

[6] Cplusplus-Development, „Cplusplus-Development - Variablen, Konstaten, Datentypen," [Online]. Available: https://cplusplus-development.de/c/cplusplus-grundlagen/variablen-konstanten-und-datentypen. [Zugriff am 26. Oktober 2020].

[7] LookupTables, „Asciitable," [Online]. Available: www.asciitable.com. [Zugriff am 26. Oktober 2020].

[8] WxWidgets, „WxWidgets - Download," [Online]. Available: https://www.wxwidgets.org/downloads/. [Zugriff am 26. Oktober 2020].

[9] „ssl images amazon," [Online]. Available: https://images-na.ssl-images-amazon.com/images/I/71lM4AX8XAL._AC_SX569_.jpg. [Zugriff am 26. Oktober 2020].

Bevor Sie das Buch schließen

Glückwunsch, dass Sie das Buch bis zum Ende durchgelesen haben! Bevor Sie das Buch schließen, würde ich Sie noch gerne um einen Gefallen bitten:

Wenn Ihnen das Buch gefällt, dann würde ich mich sehr über eine Bewertung auf Amazon freuen!

Wenn Ihnen etwas nicht gefallen hat oder Sie Verbesserungsvorschläge haben, würde ich mich sehr über Ihr ehrliches Feedback per E-Mail (**team@as-verlag.de**) freuen.

Danke vorab und ich wünsche Ihnen viel Erfolg mit dem erlernten Wissen in der Praxis!

Adrian Rechsteiner

Buchempfehlung

C Programmieren für Einsteiger

Lernen Sie eine der ältesten Programmiersprachen, die ebenfalls die Grundlagensprache der C-Familie (C, C++, C#) darstellt:

Klicken Sie jetzt auf den Link:

http://amzn.to/36s1bkO

Oder **Scannen Sie** den Barcode mit Ihrem Smartphone ein:

Java Programmieren für Einsteiger

Lernen Sie eine vielseitige Programmiersprache, die z. B. für die Programmierung von Apps für Android-Smartphones verwendet wird:

Klicken Sie jetzt auf den Link: https://www.ama-
zon.de/dp/B08DGCGFNR

Oder **Scannen Sie** den Barcode mit Ihrem Smartphone ein:

Zugang zum kostenlosen E-Book

Link: **https://bit.ly/39aTAJ7**

QR-Code:

Wenn Ihnen das Buch gefällt, dann freuen wir uns über eine positive Bewertung auf Amazon!

Haftungsausschluss

Der Inhalt dieses Buches wurde mit großer Sorgfalt geprüft und erstellt. Für sämtliche Inhalte kann jedoch keine Garantie übernommen werden. Dies gilt weder für die Richtigkeit, Vollständigkeit, noch Aktualität der Inhalte. Alle enthaltenen Informationen basieren lediglich auf der eigenen Meinung und persönlichen Erfahrung des Autors. Für selbstverursachte Schäden und Fehlhandlung des Lesers wird daher keine juristische Haftung seitens des Autors übernommen. Zudem garantiert der Autor keinerlei Erfolge mit den im Buch erwähnten Informationen, da diese wie oben genannt nur auf persönlicher Erfahrung des Autors basieren und lediglich als Einführung in das Thema dienen sollen. Gleichzeitig wird keine Haftung auf den im Buch angegebenen Quellen und externen Webseiten übernommen. Für all diese Inhalte ist einzig und allein der jeweilige Webseitenbetreiber verantwortlich, weshalb der Autor automatisch von einer Haftung ausgeschlossen ist.

Impressum

1. Auflage 2020

Kontakt:

Adrian Rechsteiner

Dörnle 13
72108 Rottenburg

Marketing & Design: Anton Scharton (A | S Verlag)

Coverbild: depositphotos.com

Printed in Poland
by Amazon Fulfillment
Poland Sp. z o.o., Wrocław

81873651R00125